MILO RAU

DIE RÜCKEROBERUNG DER ZUKUNFT

EIN ESSAY

ROWOHLT

Dieser Essay basiert auf der Zürcher Poetikvorlesung 2022, die Milo Rau unter dem Titel «Warum Kunst?» am 3. November im Schauspielhaus Zürich, am 10. November im Literaturhaus Zürich und am 16. November im Kunsthaus Zürich auf Einladung des Deutschen Seminars der Universität Zürich hielt.

2. Auflage November 2023

Originalausgabe
Veröffentlicht im Rowohlt Verlag, Hamburg, Oktober 2023
Copyright © 2023 by Rowohlt Verlag GmbH, Hamburg
Covergestaltung zero-media.net, München
Satz aus der Questa bei CPI books GmbH, Leck
Druck und Bindung GGP Media GmbH, Pößneck
ISBN 978-3-498-00115-5

INHALT

Triggerwarnung:

Dieses Buch enthält die Darstellung von Zwangsarbeit, Raubkunst und sterblichen Überresten.

MORAL UND PARALYSE. ZUR TOTALEN GEGENWART

PROLOG
WAS IST TOTALE
GEGENWART ?

Zum ersten Mal von den Zürcher Poetikvorlesungen gehört habe ich als junger Student der Soziologie und der Germanistik an der Universität Zürich. Das war im Jahr 1997, ich war frisch an der Uni, damals saß man noch einmal in der Woche in der Vorlesung von Peter von Matt, aber nur ab der dritten Reihe, weil in den ersten beiden die Damen und Herren vom Züriberg[1] saßen. Kurt Imhof, der Soziologe mit dem Motorrad, lebte noch und verwirrte uns alle – und nutzte uns junge Student:innen natürlich aus als Recherchemaschinen, er konnte nicht anders, wie alle strahlenden Menschen. Sigrid Weigel führte uns in Freud, das Alte Testament, die Postmoderne ein, gemeinsam mit meinem damaligen und heutigen Professorinnen-Star, Elisabeth Bronfen.

Für mich, der ich von einem St. Galler Gymnasium kam, war das, was an der Universität Zürich gelehrt wurde, alles völlig verrückt. Es war verrückt, dass Tarantino, Moses, Pornofilme, mathematische Gleichungen, die Beastie Boys, Judith Butler, Molière, die Schwestern Brontë, Schweizer Tagespolitik und Max Weber im selben Seminar vorkamen. Dass Moral mit Ironie gemischt wurde, Systemtheorie mit Marxismus, die aufblühende Identitätspolitik mit Bruno Latours *Parlament der Dinge*. Wenn ich 1997 aus den Vorlesungen kam, wusste ich nicht mehr, sondern weniger als zuvor. Und ich bin noch heute der Meinung: Wissen ist die Vernichtung von Gewissheiten. Wissen ist nicht Information, sondern eine Art von Überblick, der uns aus der Welt der Informationen befreit.

Aber vielleicht ist eine Information trotzdem hilfreich, damit Sie mich besser verstehen: Ich habe meine Ausbildung an der Mittelschule und der Universität genau zwischen den Jahren 1989 und 2001 erhalten. Als hätte der Weltgeist an mir ein besonders kindisches Experiment durchführen wollen, bezog ich das Gymnasium direkt nach dem Fall der Berliner Mauer und schloss mein Studium in dem Moment ab, als die Türme fielen. 1989 bis 2001, das waren die Jahre der großen Revision. Die Siebziger und Achtziger waren das Jahrzehnt der Auflösung dessen gewesen, was man früher etwas hochtrabend die «Großen Erzählungen» genannt hatte: der europazentrierten Universalgeschichte, des biologischen Geschlechts, der sozialen Klassen und der Idee des Klassenkampfs – um nur ein paar Beispiele zu nennen.

Diese Auflösung wurde in den Neunzigern, als ich

ein Teenager war, demokratisiert. Mit anderen Worten: Unser Lehrplan *war* diese Auflösung. «Dekonstruktion» des guten alten binären Abendlands, das war die einzige Aufgabe meiner intellektuellen Generation. Shakespeare zu lesen oder ihn gar zu inszenieren, das hieß in meinen Lehrjahren, ihn zu dekonstruieren. Übrigens ein Wort, das mich melancholisch stimmt, so altmodisch ist es: Dekonstruktion. Aber wie auch immer: In den Siebzigern wagten nur ein paar Avantgardist:innen wie Peter Zadek oder Ariane Mnouchkine, Shakespeare zu dekonstruieren. In den Neunzigern, als ich zur Schule ging, war die Arbeit getan. Man musste *Romeo und Julia* wirklich gelesen haben, um eine entfernte Ahnung zu haben, was die Schauspieler:innen auf der Bühne da trieben zwischen den Trümmern des Urtexts (den man unter den Techno-Beats, die damals angesagt waren, sowieso kaum verstehen konnte). Sogar am Theater St. Gallen war das so, wo ich meinen ersten Shakespeare sah. Auf der Bühne des Schauspielhauses Zürich war alles natürlich noch viel, viel schlimmer – da wüteten Schlingensief, Marthaler, die Jungs vom Golden Pudel Club und so.

Aber nicht so schnell: 1996 verließ ich St. Gallen, an einem kalten Februartag, und begann in Paris zu studieren, wo alles noch ziemlich oldschool lief, außer bei den Seminaren von Pierre Bourdieu und Bruno Latour natürlich. Ab 1997 studierte ich dann fest in Zürich. Aus Gründen, die ich mir selbst nicht erklären kann, wollte ich unbedingt Germanistik studieren – vielleicht weil es der Traum meines Großvaters Dino Larese gewesen war, ein italienischer Einwanderer. Es war für mich ein Herbst der Wunder, ein Herbst der großen Verwirrung. Es war in jenem Herbst 1997, fast auf den Tag genau vor einem Vierteljahrhundert, als der Schriftsteller W. G. Sebald die Vorlesung hielt, die ich nun im Jahr 2022 selbst halten sollte: die Zürcher Poetikvorlesung. Der Titel lautete damals: *Luftkrieg und Literatur*. Obwohl äußerst distanziert gehalten, war Sebalds Vorlesung ein Skandal. Es war wie in Adornos Zitat zur Unmöglichkeit der Dichtung nach Auschwitz: Über den Bombenkrieg, also das Leid der Deutschen, der Täter:innen zu sprechen, war *an sich* eine Art Tabubruch.

Zehn Jahre später, ich hatte mein Studium wie gesagt kurz nach dem Fall der Türme abgeschlossen und arbeitete in Dresden an einem Stück namens *Pornografia*, hielt Herta Müller die Zürcher Poetikvorlesung. Im Jahr 2009 dann bekam sie den Nobelpreis für ihren Roman *Atemschaukel*, in dem es um die Verfolgung der Rumäniendeutschen unter Stalin geht. Damals, zwanzig Jahre nach der Wende, arbeitete ich in Bukarest an *Die letzten Tage der Ceaușescus*. Dass ein Buch den Nobelpreis bekam, das die Leiden eines Deutschen unter dem Kommunismus in einer Region Europas ins Zentrum stellt, in der die (rumänischen und deutschen) Faschisten wie kaum in einem anderen gewütet hatten, das überraschte niemanden. Ebenso wenig überraschte mich, dass ein Stück zum Tod des stalinistischen Ehepaars Ceaușescu, das von einem linksradikalen Künstler wie mir erarbeitet wurde, von der Konrad-Adenauer-Stiftung unterstützt wurde, der Kulturstiftung der CDU.

Um die Jahrtausendwende fanden sich also ich und die Adenauer-Stiftung, der Bombenkrieg und der Holocaust, Hitler und Stalin, die Rumäniendeutschen und die Juden, die Beastie Boys und Judith Butler, Karl Marx und (fast hätte ich ihn vergessen) Carl Schmitt alle irgendwie in der gleichen Geschichte wieder – eine Form der europäischen Einigung aus einer undefinierbaren, aber geschichtsphilosophisch radikalen politischen Mitte heraus. Es war, wie der Philosoph Jean-Claude Michéa in seinem Essay *Das Reich des kleineren Übels* geschrieben hat, ein «Staat, der nicht denkt» entstanden: «Ein Staat ohne Ideen, oder wie die Liberalen sagen: ohne Ideologien», oder noch kürzer: «Ein Staat ohne Werte.»[2]

Im Oktober 2022 wurde in Frankreich der «Parc Simone Veil» eröffnet. Simone Veil überlebte den Holocaust und war Präsidentin des Europäischen Parlaments, zudem Mitglied der Académie française. Wie auf dem Bild auf der folgenden Seite zu sehen, gleicht der Porticus des «Parc Simone Veil» auf faszinierende Weise dem berühmten Eingang zum KZ Auschwitz. Natürlich führte das nach Bekanntwerden sofort zu einem Shitstorm, und als moralisch entrüstete Journalist:innen den Gemeinderat des kleinen französischen Ortes, dessen Namen hier nichts zur Sache tut, fragten, was er sich dabei gedacht hätte, antwortete dieser: «Nichts.»

Ende 2022 habe ich an meinem Theater in Belgien, dem NTGent, ein Stück produziert. Es heißt *A Play for the Living in a Time of Extinction*. Das Stück wurde von der US-Amerikanerin Miranda Rose Hall geschrieben, von der flämischen Aktivistin Martha Balthazar inszeniert und von der nigerianisch-belgischen Schauspielerin Lisah Adeaga performt. Es ist der innere Monolog einer Dramaturgin, der damit beginnt, dass sie sagt: «Während ich spreche, wird alle sieben Minuten eine Art von der Erde verschwinden.»

Seit Sie begonnen haben, diesen Text zu lesen, ist also etwa eine Art verschwunden. Ich weiß nicht welche, vielleicht eine Spinnenart, vielleicht eine Salamanderart, irgendwo habe ich gelesen, das seien die gefährdetsten Arten. Großsäuger sind eher unwahrscheinlich, die verschwanden bereits kurz nach Auftauchen des Homo Sapiens auf der Erde, und «kurz» heißt in Erdzeit ja normalerweise: einige 10 000 Jahre nachdem der Mensch aus Afrika nach Europa und Asien emigrierte.

Wir befinden uns heute in einem viel schnelleren Prozess. Wozu wir früher 10 000 Jahre brauchten, passiert nun in sieben Minuten. Aber versuchen wir zu verstehen: alle sieben Minuten eine Art. Das Erschreckende ist nicht die Tatsache an sich, denn die Tatsache ist nicht vorstellbar. Man kann über das Abstrakte des Artensterbens nicht erschrecken, ich zumindest kann es nicht. Nein, was hier erschreckend ist, ist etwas, was man die Faltung der Zeit nennen könnte. Es vergehen Millionen von Jahren, und dann erscheint eine Gegenwart, die – wie soll ich sagen? – die so *kompakt*, so *kristallin*, so *absolut* ist, dass in ihr in wenigen Minuten nicht nur ein Individuum, sondern eine *Art* verschwindet, die sich in Millionen, streng genommen in viereinhalb Milliarden Jahren, nämlich seit der Geburt des Planeten, entwickelt hat.

Eine nach menschlichen Maßstäben ewige, undenkbare Vergangenheit des Lebens und mit ihr eine genauso undenkbare, phantastische Fülle an Zukunft: vernichtet in ein paar Minuten. Wie ein Kometeneinschlag, aber ohne Komet. Ein kosmisches Drama, aber ohne Handlung und ohne Zuschauer:innen. Denn Sie werden mir zustimmen, dass der individuelle Tod oder, kulturhistorisch gedacht, das Ende einer Zivilisation zwar auch nicht denkbar, der Gedanke aber akzeptabel ist. Und zwar deshalb, weil es die Geschichte und mit ihr die Erinnerung gibt, weil es «die Menschheit», die Art, die kollektive Kultur, die Geschichte gibt. Sappho ist tot, das antike Griechenland ist vergangen – gleichzeitig kann ich sie hier zitieren: «Buntblumiggewirkte, unsterbliche Aphrodite, ... Komm zu mir auch jetzt, erlöse mich von den schweren Sorgen.»[3] Sappho lebt, auf der Scherbe, auf der dieses Gedicht entdeckt wurde, als Mythos, im Stil von Anne Carson oder Kae Tempest, meinen beiden Lieblingsdichter:innen. Ein Teil meiner Familie, eine meiner Großmütter, kam in den dreißiger Jahren in die Schweiz, um den deutschen Nazis zu entkommen – andere starben. Ich aber erzähle hier von ihnen, ich kann hier vortreten und von meinen Großmüttern, Urgroßmüttern, Urgroßtanten sprechen – also sind sie nicht tot. «Alles ändert sich», wie das Motto einer unserer Spielzeiten in Belgien hieß, «aber nichts vergeht.»

Beim Aussterben aber vergeht, ja verschwindet mit dem individuellen Tod, da es der letzte ist, die Sprache, das Wesen, die Kultur, die Kollektivgeschichte einer Art. Das sind, völlig unmetaphorisch, die von Marx besungenen «eiskalten Wasser» des Kapitalismus: die Übersäuerung der Meere, der Bauboom, die Monoplantagen, die Insektizide, die Flächenbrände, in denen täglich Milliarden Wesen sterben. Und sollte eine Scherbe gefunden werden, auf der eines dieser Tiere die Trauer um seine Artgenossen verewigte, einsam herumirrend: Sie würde nicht einmal als Sprache begriffen. Denn dieser Tod, diese Gegenwart, von der ich in diesem Buch sprechen will, und wir stehen in ihrer Mitte, vernichtet alles Vergangene genauso wie alles Kommende: jede Erinnerung, jeden Zusammenhang und damit jedes Verstehen.

Angesichts dieser Tatsache, die wie gesagt emotional unfassbar ist, will ich fragen: Was ist die Zeitlichkeit einer solchen Gegenwart? Wie kann die Zeit gleichzeitig stillstehen und so ungemein beschleunigt sein, ja: rasen? Warum macht uns dieser Stillstand alle so verrückt? Was ist die Moral dieser totalen, in ihrer Totalität so durchaus nihilistischen Gegenwart? Und wie gehen Moral und Nihilismus, Untergang und Tatenlosigkeit zusammen?

Der erste Teil meiner Poetikvorlesung trägt den hochtrabenden Titel: «Moral und Paralyse. Zur totalen Gegenwart». Es ist wie gesagt eine Poetikvorlesung, also werde ich über meine Arbeit sprechen. Wie einige sicher wissen, bin ich Materialist: Ich denke, dass die Umstände, unter denen ich lebe, bedeutsamer sind, als ich es bin. Ich denke, dass es das «Ich» gar nicht gibt, sondern nur Beziehungen, in denen ich auftrete. Ich denke, dass jeder Gedanke, der mir wert scheint, festgehalten zu werden, auf Begegnungen beruht, auf dem, was wir in der Kunst «Projekte» nennen. Ich kann nicht denken, wenn ich allein bin, ich glaube: Es gibt kein einsames Denken. Das klingt etwas postmodern, deshalb füge ich hinzu: Die Bedeutung der Dinge, des Daseins, vielleicht ja des Seins eröffnet sich mir auch, und vielleicht noch unmittelbarer, dadurch, dass ich selbst ein Ding bin, ein «Erdling», wie Bruno Latour gesagt hätte. Man hat nicht eine Heimat, eine Kultur, eine Biographie – die Heimat, die Kultur, die Biographie hat uns. Was ist also die Zeit, aus der heraus ich spreche? Was ist diese Zeit, dessen zufälliger Bewohner, deren Erzeugnis ich bin?

Totale Gegenwart: Es ist, möchte ich anfangen, ein Zustand ohne Vergangenheit und ohne Zukunft. Dieser Zustand ist einerseits ganz allgemeiner Natur. Jeder Mensch durchlebt ihn bei jedem neuen Ereignis, das seine Aufmerksamkeit fesselt. Ekstatische Präsenz: Das will jede Performance, jedes Gedicht sein, nicht wahr? Waren wir nicht kurz unserer Zeit enthoben, als wir vorhin Sappho sprechen hörten, über die Jahrtausende hinweg? Die Fülle des Moments macht das Verfließen der Zeit überhaupt erst erfahrbar. Und bei melancholischen Charakteren wie beispielsweise mir muss man hinzufügen: überhaupt erst erträglich. Andererseits, und darum geht es mir, ist dieser Zustand in kapitalistischen Spektakelgesellschaften nicht nur eine individuelle, sondern eine gesellschaftliche Dauererfahrung. *Totale Gegenwart:* die absolute Seinsvergessenheit, das absolute Wegsacken des Zusammenhangs, der metaphysischen Leitlinie. Eine Musik ohne Thema, die absolute Performance, in der alles gleich ist. Die Kunst, und das ist meine persönliche Überzeugung, muss dagegen vor allem eines tun: Vergangenheit erforschen und Zukunft zurückerobern. Sie muss der Gegenwart hinten und vorne die Ausgänge freihalten, um uns, in einem Satz, wieder in geschichtliche Bewegung zu bringen. Denn nur eine offene Gegenwart, in der man aus Distanz zum Geschehen Stellung nehmen kann, ist darstellbar. Und nur eine darstellbare Gegenwart kann als veränderbar begriffen werden.

Bevor ich, im zweiten und dritten Teil, näher auf diese Ein- und Ausgänge eingehen will, also auf die *Vergangenheit* und die *Zukunft,* möchte ich nun ausschließlich die *Gegenwart* betrachten.

DIE FÜNF REITER
DER POSTHISTOIRE

S ie kennen die Reiter der Apokalypse, die im 6. Kapitel der Offenbarung des Johannes erscheinen, zur Ankündigung der letzten vier Dinge: Tod, Gericht, Himmel oder Hölle. Es ist eine meiner Lieblingsstellen aus der Bibel, auch eine der rätselhaftesten, wenn das Lamm (also Jesus) das Buch der sieben Siegel öffnet:

Dann sah ich: Das Lamm öffnete das erste der sieben Siegel; und ich hörte das erste der vier Lebewesen wie mit Donnerstimme rufen: Komm! Da sah ich und siehe, ein weißes Pferd; und der auf ihm saß, hatte einen Bogen. Ein Kranz wurde ihm gegeben und als Sieger zog er aus, um zu siegen. Als das Lamm das zweite Siegel öffnete, hörte ich das zweite Lebewesen rufen: Komm! Da erschien ein anderes Pferd; das war feuerrot. Und der auf ihm saß, wurde ermächtigt, der Erde den Frieden zu nehmen, damit die Menschen sich gegenseitig abschlachteten.

Und so weiter. Der erste Reiter verkörpert die Gerechtigkeit, die Reinheit; der zweite den Krieg; der dritte den Hunger; und der vierte den Niedergang und schließlich den Tod. Es gibt einen Film, der vom Finanzkapitalismus handelt und davon, wie er mit der Zerstörung der Erde zusammenhängt – passenderweise heißt er *Four Horsemen*, die «vier apokalyptischen Reiter»[4]. In den Jahrtausenden zuvor wurde jedes Zeitalter, das sich in übertriebener Gerechtigkeit übte und zugleich in Kriegen, Inflation und Massentod versank, als Beginn des Endes interpretiert.

Diese Reiter der Posthistoire sind im Grunde jedoch nicht vier, sondern sogar fünf. Sie sind die Kampftruppe der totalen Gegenwart. Sie sorgen dafür, dass das Ende eintrifft: dass sowohl die historische Erinnerung wie die Neuschreibung von Geschichte verunmöglicht wird. Sie lähmen uns mit Alarmismus und Moralismus, mit Narzissmus und Rechthaberei, während die Welt vor unseren Augen vernichtet wird. Gericht, Himmel und Hölle, alles gleichzeitig. Die fünf Reiter der Posthistoire: Ich wähle absichtlich diese biblische Bezeichnung, um anzuzeigen, dass es mir um etwas zugleich Universelles und völlig Privates geht, um eine universale Charakterdeformation. Darum, womit ich als Künstler der Gegenwart zu kämpfen habe, womit wir alle gemeinsam zu kämpfen haben. Was uns ausmacht.

Der erste Reiter

Der Reiter der Überinformiertheit

Wie soll man ins Arbeiten und ins Handeln kommen, wenn man immer schon alles weiß und nichts hinzufügen kann? Wenn man allein schon deshalb keinen Anfang finden kann, weil man nie alles wissen kann und ewig in der Informationsschlaufe stecken bleibt? Vor einiger Zeit wurde *Krieg und Frieden* online gestellt, der großartige Propaganda-Roman von Lew Tolstoi, und die wichtigsten Begriffe waren mit einem Hyperlink versehen. Eine Untersuchung zeigte: Schon beim ersten verlinkten Begriff – nämlich «Gräfin» – klickte sich über die Hälfte der Leser:innen weg, um niemals wiederzukehren. Eine Geschichte mit Anfang und Ende, mit Charakteren und Verwicklungen, löste sich in der puren Information darüber auf, was der Titel einer «Gräfin» zu bedeuten hatte, damals, im Russland Tolstois.

Aber lassen Sie mich eine persönliche Anekdote erzählen. Wie erwähnt: Bevor ich nach Zürich kam, um dort zu studieren, ging ich nach Paris, an die Sorbonne. Das war 1996, ich war gerade 19 Jahre alt geworden, und sollte also meine erste Seminar-Arbeit schreiben. Es ging – ich weiß nicht mehr, warum ich mich für dieses absurde Thema entschied – um den Gebrauch von Zwischentiteln in den

Filmen von Jean-Luc Godard. Mein Lieblingszwischen-
titel von Godard ist übrigens folgender, aus seinem Film
La Chinoise, einer Art frühen Studie zu den Reitern der
Posthistoire:

Der Witz an dem Titel ist, dass er nichts weiter tut, als
das zu tun, was er tut: die letzte Szene des Films, vor der
er auftaucht, anzukündigen. Aber natürlich war das nur
eine Weise der Verwendung von Zwischentiteln bei Jean-
Luc Godard, der manchmal Hunderte davon in einem
Film verwendete. Und davon abgesehen: Es gibt über keinen anderen Regisseur vergleichbar viele Artikel und Bücher wie über Godard, über seinen Gebrauch der Musik,
seine Zitat- und Montagetechnik und so weiter, die natürlich alle, so wurde mir klar, mit seinem Gebrauch der

Zwischentitel zusammenhängen. Ich verbrachte einen Monat, dann zwei Monate in der Universitätsbibliothek. Ich las am Ende an die 16 Stunden pro Tag und natürlich hatte ich auch nach drei Monaten nicht einmal ein Prozent, vielleicht sogar nicht mal ein Promille aller Abhandlungen zu Godard gelesen. Paralysiert saß ich schließlich an meinem Schreibtisch, umgeben von Notizzetteln. Meine Gedanken rasten, aber mein Kopf war unfähig, irgendetwas Sinnvolles mit dem angehäuften Wissen anzufangen. Ich schrieb eine Einleitung, die am Ende hundert Seiten lang war, in der ich – im Stile jener Zeit – alle anderen bisherigen Filmhistoriker:innen in Bezug auf den Gebrauch von Zwischentiteln bei Godard als wirklichkeitsblind, konservativ, rassistisch, sexistisch, antisemitisch und so weiter beschimpfte.

Das wiederholte sich später, als ich Kritiker bei der *Neuen Zürcher Zeitung*, dann Autor und schließlich Regisseur wurde, bei jedem Artikel, jedem Buch, jeder Inszenierung, jedem Film – und vielleicht gilt das für unsere Zeit, die sogenannte Wissensgesellschaft insgesamt: dass wir zu viel wissen, um überhaupt noch ins Handeln zu kommen. Für die Filmfassung des *Kongo Tribunals* häufte ich über die Jahre an die 500 Stunden Filmmaterial an, und man kann sich sicher leicht vorstellen, wie grässlich, fast unmöglich die Montage war. Für die Poetikvorlesung habe ich die Zürcher Poetikvorlesungen von Sebald und Müller erneut gelesen – oder sie immerhin bei meiner Buchhandlung bestellt. Und natürlich wurde die Aufgabe, selbst zu diesem Anlass etwas Sinnvolles von mir zu geben, umso schwerer und unmöglicher, je länger und intensiver ich mich mit ihr beschäftigte. Es ist seltsam, nicht wahr: Wenn man nur genug über etwas weiß, dann geht es einen am Ende nichts mehr an, dann weiß man damit nichts mehr anzufangen. Je mehr Gedanken ich mir – über Godard, den Kongo, die Poetikvorlesungen – machte, umso gedankenloser wurde ich.

Wie auch immer: Ich schrieb die Seminararbeit am Ende in den drei Tagen vor dem Abgabetermin, unterstützt von meiner damaligen Freundin, die ein besseres Französisch schrieb als ich. Obwohl meine Überlegungen dem Wissensstand über Godard natürlich nichts Relevantes hinzufügten, so erinnere ich mich doch bis heute an das Gefühl der Befreiung, an dieses ozeanische Gefühl der, ja, der Menschwerdung, das mich beim Schreiben, dann beim Drucken, schließlich beim Heften und Abgeben im Universitätsbüro durchströmte. Es war das gleiche Gefühl, das ich auf Proben, auf Drehs, während politischer Demonstrationen oder Kunst-Aktionen erleben sollte: diese plötzlich im Guten totalisierte Gegenwart, in der alles, was ich wissen musste, enthalten war. Diese an Rausch grenzende Freude, gemeinsam etwas zu machen aus all unserem Wissensballast, plötzlich einen tätigen Ort zu haben in dieser unüberblickbaren Welt.

Denn es zählt nicht, was wir wissen, was wir gern tun würden oder wie wir uns selbst oder die anderen einschätzen. Im Grunde ist Wissen nur eine Voraussetzung für das Handeln, oder anders ausgedrückt: Wissen haben wir sowieso immer genug. Es zählt nur, was wir damit tun. Nehmen wir also die Gegenwart ernst in ihrer totalen, und dadurch demokratischen und voluntaristischen Qualität. Oder simpler ausgedrückt: Jede Sekunde ist ein möglicher Neuanfang.

Der zweite Reiter

Der Reiter der Kritik

Dieser Text hat einen Prolog, den zu lesen etwa sieben Minuten dauert und der ausschließlich in einer Kritik dessen bestand, was ich die Posthistoire nannte – übrigens ein von der Postmoderne selbst erfundener, letztlich selbstkritischer Begriff. Womit wir zum zweiten Reiter kommen: dem Reiter der Kritik. Denn zwar führen die aktuellen Krisen an fast allen Orten zur Zunahme von Kritik und Protest, von Appellen, von Solidaritätsgesten und so fort. Aber diese Kritik scheint meist nicht eine veränderte Praxis hervorzubringen. Sie scheint, ganz im Gegenteil, an die Stelle einer möglichen Veränderung selbst getreten zu sein.

Mit anderen Worten: Das als alternativlos erlebte Reale wird nicht als veränderlich, sondern eben nur als kritisierbar dargestellt. Wir sehen uns, das ist der zweite Reiter, mit einer Kritik konfrontiert, die die Utopie überschreibt, sie vertagt. Die Haltung der Kritik ist damit eine Haltung, die nicht gegen das als falsch Verstandene revoltiert, sondern es entweder mitmacht, es gleichzeitig als falsch brandmarkend oder aber sich – zweite Möglichkeit – ganz abwendet und völlig passiv bleibt: die Aktivismus- und die Hippie-Variante. Symptomatisch ist hier das, was ich den Minimaldissens nennen will: dass die Kritik besonders spaltend dort wirkt, wo man eigentlich zusammenarbeiten sollte. In den sogenannten aufgeklärten Kreisen.

Denn das vermutlich größte Problem jeder Aufklärung liegt darin, dass sie von klugen Menschen angetrieben wird, normalerweise von einer kleinen Avantgarde von einigen Prozent der Bevölkerung. Kluge Menschen lieben es zu debattieren – oder mit anderen Worten: recht zu behalten. Was auch immer man sagt und vorschlägt, die Kolleg:innen stehen bereit, um einen misszuverstehen. Wohl alle, die sich schon einmal engagiert haben, kennen diese Art des Streits: Er ist auf eine untergründige Weise boshafter, erbitterter, weniger auf Ausgleich aus, als man es bei Gleichgesinnten eigentlich annehmen könnte.

Die NZZ nannte das Zürcher Schauspielhaus kürzlich ein «House of Wokeness», das von endlosen Debatten geprägt sei. Ich bin einer der «related artists», also eine Art regelmäßiger Gast am Schauspielhaus, ich gelte, wie ich der Weltwoche und der NZZ entnehmen konnte, als «oberster Integrations- und Inklusionsbeauftragter», als Wokeness-König und Moralapostel, und ich muss zugeben: Das ist wahr. Seit den Tagen des Nationalkonvents unter Robespierre gab es wohl wenige Orte, an denen derart extremistisch um minimalste Meinungsverschiedenheiten gekämpft wurde wie am Theater unserer Tage. Und vielleicht ist das an den heutigen westlichen

Kulturinstitutionen und an den Universitäten insgesamt so.

Ich persönlich habe am Schauspielhaus im Frühjahr 2022 den *Wilhelm Tell* inszeniert, und ich musste nirgends so viele und so harte Diskussionen führen wie hier, im Herzen der aufgeklärten Schweiz. Das Zürcher Schauspielhaus ist vermutlich nicht nur einer der privilegiertesten Orte des Planeten, sondern der ganzen Weltgeschichte. Müssten an einem solchen Ort nicht fast zwangsläufig ideologische Entspanntheit, kosmopolitischer Pragmatismus und aktivistischer Drive herrschen? Doch dem ist nicht so. Ich verfing mich in geradezu absurden, labyrinthischen Meinungsverschiedenheiten – und das ausschließlich mit Menschen, mit denen ich in letztlich allem übereinstimme. Denn diese Streitigkeiten fanden nie *innerhalb* der Produktion statt, nie *innerhalb* des ultra-diversen Ensembles des *Tell*. Ich stritt mich nie mit den Menschen, die tatsächlich unterschiedlich von mir sind, die andere biographische Hintergründe wie ich haben, aus anderen Milieus kommen – etwa einer ehemaligen Zwangsarbeiterin oder den Antirassismus- und Inklusionsexpert:innen im *Tell*, die Diskriminierung und Gewalt täglich erfahren, weil sie People of Color ohne Festvertrag sind, weil sie vom Staat entmündigt und ausgebeutet wurden, weil sie im Rollstuhl sitzen, weil sie schlichtweg zu einer völlig anderen Generation gehören. Mit diesen Menschen diskutierte ich, machte ich Kunst.

Streit, diesen seltsam unversöhnlichen Streit, von dem ich hier spreche, gab es ausschließlich mit Menschen, die den gleichen sozialen und biographischen Hintergrund wie ich haben: eben mit der kleinen, gebildeten, privilegierten Avantgarde, mal rechts und mal links, mal liberal und mal konservativ, mal lokal und mal global, zu der natürlich auch ich und wohl die meisten hier gehören. Während sich die Welt draußen weiterdrehte und alle sieben Minuten eine Art für immer verschwand – seit Sie begonnen haben, dieses Buch zu lesen, sind es etwa vier –, während unsere ganzen Debatten mit Steuermillionen finanziert wurden, die von den Schweizer Großkonzernen im Kongo per Kinderarbeit erwirtschaftet werden, waren unsere Minimaldissense so ohrenbetäubend laut, dass dahinter das ewige Schweigen des globalen Todes nicht mehr zu hören war – oder einfach die tatsächlichen Probleme meiner Mitarbeitenden, etwa eines Rollstuhlfahrers, der über Wochen wegen einer Treppenstufe nicht in die Kantine konnte, da mir schlichtweg keine Zeit und Energie blieb, eine simple Holzrampe für ihn einbauen zu lassen.

Insofern appelliere ich an unser aller Großzügigkeit. Denn seltsamerweise wird unser Blick enger, unsere Binnen-Moral strenger, je größer und globaler die Bedrohung des Lebens ist, welches wir führen. Ich bin mir nicht sicher, ob wir diese Lektion aus unserer Geschichte gelernt haben: die Uneinigkeit der Wohlmeinenden stärkt die Herrschaft des Tatsächlichen. Und der Minimaldissens hat einen großen Bruder: den Skeptizismus. Die Postmoderne hat uns mit der Idee der Relativität aller Wahrheit, der Auflösung der «Großen Erzählungen» und der Demokratisierung dessen, was richtig und wichtig ist, nicht nur aus den Fesseln der modernen Ideologien befreit – sie hat uns auch eine gefährliche Erbschaft hinterlassen: die des berühmten, pseudo-liberalen «Jede, wie sie will, jeder, wie er will».

Denn dass die Wahrheit relativ ist, dass jedes dominante, «objektive» Wissen als Herrschaftswissen durchschaut ist, dass dank der nunmehr über drei Generationen eingeübten Kritik die Pluralität der Standpunkte über die institutionell gesicherte Objektivität des Wissens gesiegt hat: *fair enough!* Dass die dümmliche Binarität der westlichen Zivilisation endlich und vielleicht endgültig dekonstruiert wurde: hervorragend! Aber spätestens mit dem Aufstieg des Rechtspopulismus hat sich die Waffe des Skeptizismus gegen die Aufklärung selbst gewandt. Die Herrschaftskritik ist unmerklich zur Waffe der Herrschenden geworden – und richtet sich damit gegen den Planeten, gegen das Lebende insgesamt. Oder wie der ehemalige und vielleicht ja auch zukünftige US-amerikanische Präsident Donald Trump es einmal ausdrückte, als ihm jemand die Fakten zum Klimawandel vorlegte: «Das ist Ihre Meinung, lassen Sie mich meine haben.»

Und das Problem ist ja: Man muss den Klimawandel, das Massensterben, die Ausbeutung des Globalen Südens und so weiter nicht leugnen, um weiterhin ein «abstraktes» Leben zu führen, das in keiner Weise der kommenden Apokalypse entspricht. Es reicht, dass Zeit vergeht. Es reicht, dass wir Westeuropäer:innen, die sicher reichste, sicher sicherste und vielleicht sogar am besten gebildete Gruppe von Menschen der Weltgeschichte, fortfahren, uns gegenseitig Vorwürfe zu machen. Uns gegenseitig als woke Wahnsinnige, konservative Arschlöcher oder neoliberale Zyniker zu bezeichnen. Es reicht, dass wir nur an uns selbst, an unsere eigenen Probleme denken. Um Kae Tempest zu zitieren: «Niemand interessiert, was du gesagt hast oder wie du's gesagt hast».[5] Und das ist gut so. Hören wir also auf, so zu tun. Seien wir großzügig.

Der dritte Reiter
Der Reiter der Abgrenzung

Es gibt ein Paradox, das ich, als ich in Zürich bei Kurt Imhof zu studieren begann, gleich in der ersten Soziologievorlesung lernte: die Tatsache, dass sich das Ungerechtigkeitsempfinden einer Gruppe in einer Weise entwickelt, in der die reale Ungerechtigkeit, die sie erleidet, geringer wird oder ganz verschwindet. Ich nannte vorher das Zürcher Schauspielhaus, an dem ich selbst arbeite, als einen der privilegiertesten Orte überhaupt auf dem Planeten. Eine globale künstlerische Elite versammelt sich hier, auf dieser Bühne, um die Grenzen dessen auszutesten, was Theater heute sein kann. Ein zweifellos paradiesischer Zustand, der aber nicht, wie gerade untersucht, zu allgemeiner Zufriedenheit führt, sondern zum Gegenteil: zur solipsistischen Untersuchung dessen, was der Soziologe Pierre Bourdieu die «feinen Unterschiede» nannte. Denn noch einmal: Je geringer die Unterschiede innerhalb einer Gruppe, desto tiefer werden sie empfunden.

Dabei sind die Zeiten auf die großen, die weltgeschichtlichen Unterschiede gestellt. Als ich im Sommer des Jahres 1990, kurz nach dem Fall der Berliner Mauer, ins Gymnasium kam, schrieb der Philosoph Jean Baudrillard sinngemäß: Eigentlich können wir die nächsten zehn Jahre überspringen und gleich mit dem 21. Jahrhundert beginnen.[6] So erledigt schien damals das 20. Jahrhundert mit all seinen politischen Obsessionen. Der Kommunismus, der Faschismus, der europäische Größenwahn, die Objektivität, alles war kaputt oder immerhin dekonstruiert. Heute ist es umgekehrt: Wir könnten die ersten 23 Jahre des 21. Jahrhunderts auch streichen, derart vollständig kehren wir gerade zu den Alpträumen des 20. Jahrhunderts zurück, nur verdrängungs- und biotechnisch natürlich upgedatet. Wir lassen die Menschen sterben für unseren Reichtum, im Nahen Osten, in Afrika, im Mittelmeer. Der Osten steht wieder gegen den Westen, in der Ukraine tobt ein Krieg – während wir in den intellektuellen und wirtschaftlichen Chefetagen der Welt ausschließlich um uns selbst kreisen. Warum verhalten wir uns wie Verfolgte, während wir doch, wenn auch nur durch einen historischen Zufall, eigentlich die Gewinner:innen dieser Weltordnung sind? Warum grenzen wir uns ab von jenen, die unter unserer Lebensweise leiden?

Dieser Reiter, der Reiter der Abgrenzung, ist – zumindest in der Kulturszene – das aktuell größte Problem: Man arbeitet mit einer hermetischen, identitären Ästhetik an einer post-identitären, globalen, völlig entgrenzten Wirklichkeit. Man spricht über feine, über gefühlte Unterschiede mehr als über die realen Verwerfungen. Man versucht an sich selbst zu heilen, was nur draußen in der Welt zu heilen wäre, wenn überhaupt. Man schließt sich ab, da man mit dem Chaos und der unsagbaren Brutalität der Welt ohnehin nicht fertigwird, und übt sich in der Kunst – immerhin hier, denkt man sich – in extremer Sanftheit und Reinheit. Das, was ich dagegen «Globalen Realismus» nennen will – in den folgenden Teilen werde ich das ausführen – ist ein Versuch, die Widersprüche universeller (oder globaler) Fragestellungen in die homogenisierte westliche Welt, in die westlichen kulturellen und wirtschaftlichen Chefetagen zu re-importieren: Sei es in der Zusammensetzung der Teams, in der Wahl der Zeitebenen, der Spielorte und der Darstellungsweisen. Dabei geht es mir nicht um die konservative und uninformierte Kritik von Safe Spaces: Wer von Nazis verprügelt wurde, will nicht unbedingt Theater mit ihnen machen, das ist nur zu verständlich. Rassismus ist keine Meinung, wie es so schön heißt. Aber der Globale Realismus, und daran experimentiert auch das Zürcher Schauspielhaus, versucht die Differenzen, die real existieren, nicht linguistisch auszublenden, sondern fühl- und darstellbar zu machen.

Denn ein Effekt der Globalisierung ist es, dass Ursache und Folge von kriegerischer ökonomischer, ökologischer oder auch einfach psychologischer Machtanwendung voneinander getrennt sind. Wir konsumieren Bilder und Rohstoffe, die in Weltgegenden produziert werden, die wir nicht kennen. Wir exportieren die Kosten unserer Lebensweise in die Zukunft, die wir selbst nicht mehr erleben werden – oder die ohnehin nur andere Weltgegenden betreffen. Der Soziologe Stephan Lessenich hat in Bezug auf die europäischen Industrienationen von «Externalisierungsgesellschaften» gesprochen: Die sozialen und ökologischen Folgen unserer Lebensform werden in den Globalen Süden oder in die Camps an der Peripherie Europas ausgelagert, so wie in früheren Jahrhunderten in die düsteren Vorstädte.[7] Der Globale Realismus versucht nun, diese Externalisierungsleistung im Rahmen von Projekten umzudrehen: Schubumkehr, auf der Suche nach alternativen, humaneren und nachhaltigeren Produktionsweisen und Distributionssystemen.

Jesus kehrt zurück nach Europa wie in meinem Projekt *Das Neue Evangelium* – aber er kommt aus Kamerun, und seine Apostel:innen sind Geflüchtete, anarchistische Kleinbäuer:innen, Philosoph:innen, die nichts verbindet, als ihr Widerstand gegen die herrschende Weltordnung. Das absolute «Nein» der Jesus-Bewegung gegen den römischen Imperialismus und gegen den von Pontius Pilatus verkörperten zynischen Humanismus jener Zeit wird fürs 21. Jahrhundert aktualisiert, als solidarische Praxis. Jede identitäre Abgrenzung fällt im paulinischen Akt der Kunst. Das Problem einer solcherart inklusiv gedachten politischen Ästhetik ist natürlich, dass die in ein imperiales Außen ausgelagerten Probleme plötzlich zu internen und künstlerischen werden. Ein paar Beispiele: Wo der Staat abwesend ist, ist man zur Zusammenarbeit mit mafiösen Machtstrukturen (wie in *Das Neue Evangelium*) oder mit korrupten Eliten (wie in *Das Kongo Tribunal*) gezwungen. Man mischt sich in interkulturelle Debatten ein, deren reales Gewaltpotential sich erst im Projekt selbst enthüllt – wie etwa bei *Orest in Mossul*, in dessen Folge wir in Mossul, der ehemaligen Hauptstadt des Islamischen Staats, gemeinsam mit der UNESCO eine Filmschule mit einer Frauenquote von 25 Prozent gegründet haben.

In den *Moskauer Prozessen*, in denen wir 2013 drei Schauprozesse der jüngeren russischen Geschichte gegen Künstler:innen noch einmal aufrollten, kooperierte ich neben orthodoxen Geistlichen beispielsweise auch mit Alexander Dugin – Putins Hausphilosophen, vielleicht dem politisch wichtigsten postmodernen Philosophen der Gegenwart, dessen Tochter Darja (die ich damals ebenfalls kennenlernte) kürzlich ermordet wurde. Für *Das Kongo Tribunal* arbeiteten wir 2015 unter anderem mit Vital Kamerhe, dem damals wichtigsten Oppositionsführer, der parallel zum Tribunal, man muss eigentlich sagen: mithilfe des Tribunals, Wahlkampf betrieb. Ein paar Jahre später wurde er Ministerpräsident der Demokratischen Republik Kongo, noch etwas später wurde er zu zwanzig Jahren Zwangsarbeit verurteilt. Als wir vergangenen Dezember in Kolwezi, im Südkongo, gegen die Schweizer Rohstofffirma Glencore prozessierten, war seine Strafe bereits auf zehn Jahre verkürzt worden – und erneut gilt er heute als aussichtsreicher Kandidat für die Präsidentschaft. Sie verstehen, worauf ich hinauswill: Eine Kunst gegen Unterdrückung kann man oft nur gemeinsam mit den Unterdrückenden machen, und sehr oft sind die Freiheitskämpfer:innen von heute die Kollaborateur:innen von gestern. Als ich 2013 *Die Moskauer Prozesse* inszenierte, galt Kirill Serebrennikow, dem die Regierung in Moskau gerade ein Kunstzentrum geschenkt hatte, in dissenten Künstlerkreisen als zu regierungsnah. Ich hätte mir nie erlauben können, ihn in den Zeugenstand zu rufen, das hätten mir meine russischen Freund:innen nicht verziehen. Heute, neun Jahre später, ist Kirill das Gesicht des künstlerischen Widerstands.

Moskau, Mossul oder Kolwezi: Arbeitet man außerhalb der sicheren Grenzen des westlichen Diskurses, außerhalb der Safe Spaces der Kulturinstitutionen, so setzt man sich der Wahrheit der Verhältnisse aus. Es kehrt projektintern jene von Marx «in den Kolonien» lokalisierte «Nacktheit» des Kapitalismus wieder, auf der der westliche Wohlfahrtsstaat und damit unsere Demokratie gründet. Abgrenzung auflösen ist eine schmerzhafte Erfahrung: Externalisierte Widersprüche werden zu geteilten Widersprüchen, theoretische Debatten über Rassismus zu realen Streitigkeiten, biographische Verletzungen treffen aufeinander. Dabei kommt es zu Streit, aber eben auch – wenn man Streit dialektisch versteht – zu gegenseitigen Lern- und vor allem langfristigen Austauschprozessen. Global arbeiten heißt, im aktuellen System nicht vorgesehene Netze der theoretischen Debatte und der praktischen Solidarität zu schaffen. Indem man in Kriegsgebieten «ohne kulturelle Infrastruktur» arbeitet – wie es im 9. Satz des «Genter Manifests» heißt, das ich zu Beginn meiner Intendanz in Gent veröffentlichte – entstehen zwangsläufig *neue* kulturelle Infrastrukturen: Wo es (wie im Kongo) keine Kameramänner und Kamerafrauen und keinen Theaterraum, wo es (wie im Irak) keine Auftrittsmöglichkeiten für weibliche oder gar queere Schauspieler gibt, müssen eben gemeinsam welche geschaffen werden. Und genau das ist die Poetik, die ich in diesem Text darlegen will: Sie überwindet die Abgrenzungen, sie schafft unerwartete, unwahrscheinliche, schmerzhafte, aber eben auch wundervolle Solidaritäten.

Um das zu erreichen, muss man nicht in den Kongo oder den Nordirak fahren: Als ich beim *Wilhelm Tell* hier in Zürich einen Polizisten auf die Bühne einlud, war es tatsächlich das erste Mal, dass ich länger als fünf Minuten mit einem Polizisten sprach. Ich hatte mich 25 Jahre lang gegen Polizeigewalt engagiert, ich hatte in den USA, gemeinsam mit Black Lives Matter und Abolitionisten (die die Polizei wie überhaupt alle staatlichen Zwangsapparate abschaffen wollen), eine Tour meines Jesusfilms organisiert. Aber ich hatte nie die Meinung, die Perspektive eines Polizisten eingeholt. Die Ängste, Zwänge, Verwirrungen, Seelenqualen, aber auch die Hybris, die Aggressionen und die Selbstgerechtigkeit eines Polizisten waren mir völlig unbekannt. Ich war, wie ich heute sagen muss, blind vor Vorurteil und Abgrenzung.

Der vierte Reiter

Der Reiter des Moralismus

Der Reiter des Moralismus hängt natürlich sehr eng mit dem zweiten und dem dritten Reiter zusammen, man könnte sogar sagen: Der Reiter des Moralismus ist der Überbau (oder die Konsequenz) der Reiter der Abgrenzung und der Kritik. Wir befinden uns hier im Kern der Psychopathologie des «richtigen Lebens im falschen», um noch einmal Adorno zu zitieren: Nicht die Zustände als solche werden kritisiert – sondern die richtige oder falsche Analyse dieser Zustände wird moralisiert und das falsche Verwenden von Kodizes oder Sprachregelungen mit Shitstorms bestraft. Und was bestehende Herrschaftsformen eben am stärksten stabilisiert: Es breitet sich Paranoia aus, da sich Machtkritik, ist sie einmal moralisiert und dadurch praktisch ungreifbar geworden, ätherisch in alles und zugleich nichts ausbreitet. Die Paralyse erreicht eine metaphysische Konzentration, oder simpler ausgedrückt: Es wird überhaupt nichts mehr getan, weil unter dem Gesichtspunkt der totalen Reinheit *alles* falsch ist. Wie einst die Salon-Adligen in Molières Komödie *Die gelehrten Frauen* – die eine Sprache kreierten, in der alle Widersprüche, alle Gemeinheiten, alle Brutalitäten des Feudalismus auf magische Weise verschwunden wären – haben auch wir postmodernen Feudalisten das Unmögliche geschafft: Wir pflücken die Früchte unserer globalen Herrschaft umso entspannter, je kleinlicher wir ihre brutale Realität aus unserer Sprache verbannt haben. Und während wir in Wahrheit stillstehen, geben wir uns dem Rausch des moralischen Fortschritts hin.

Wir alle kennen diese Erzählung: Gestern, im 20. Jahrhundert, waren wir Rassist:innen, Patriarch:innen, Ausbeuter:innen, Fleischesser:innen – alles in allem Arschlöcher. Heute jedoch leben wir bewusst, wir gehen freundlich miteinander um, wir achten nicht nur die Würde der Menschen, sondern auch die der Natur. Wenn wir nun an die Sieben-Minuten-Regel denken (inzwischen sind etwa sechs Arten seit Beginn der Lektüre verschwunden), dann muss die Frage erlaubt sein: Warum hat sich die Geschwindigkeit, mit der der Planet zerstört wird, exponentiell zu unserer Sanftmut erhöht? Vielleicht lautet die Antwort (und sie wird Sie nicht überraschen): Die Ausbeutung wurde verschärft, aber wir haben eine Moral entwickelt, um sie unsichtbar zu machen. Klar, unsere Kinder müssen nicht mehr in Textilfabriken und Kohlebergwerken schuften wie noch zu Zeiten des Industriekapitalismus – das erledigen heute die Kinder der Kongoles:innen und Pakistaner:innen. Die Sex- und Pflegearbeit, für die wir Einheimischen uns zu gut sind, wird von entrechteten Geflüchteten geleistet. Und die europäische Billigfleischindustrie bietet ihre Produkte natürlich nicht in den Hipster-Vierteln Zürichs an, sondern exportiert sie direkt nach Afrika und bringt dort die Märkte zum Einbruch.

Die Devise des Reiters des Moralismus lautet, wenig einfallsreich: Damit es uns gut geht, muss es anderen schlecht gehen. Oder psychologisch ausgedrückt: Je sensibler wir sind, desto irrelevanter muss für uns das Leiden jener sein, die uns unser sensibles Leben finanzieren. Egal, dass unsere Handys, unsere T-Shirts oder Sojadrinks im Globalen Süden unter Missachtung aller Menschenrechte produziert werden, solange auf den Etiketten dieser Billigprodukte keine rassistischen Abbildungen zu sehen sind. Egal, wie das Geld zusammenkommt, das mir die Poetikvorlesung ermöglicht hat – solange ich nicht die Gefühle der Rezipient:innen beleidige, nicht wahr?

Der Philosoph Theodor Adorno nannte diese Verfeinerung der Sitten bei gleichzeitiger Brutalisierung der ökonomischen Umgangsformen einst die *Dialektik der Aufklärung*. Das klingt kompliziert, die Sache ist aber einfach: Man ändere nichts, sondern verdränge. Aufklärerische Moral bedeutet, Etikett und Inhalt «dialektisch» zu betrachten, also als zwei völlig unterschiedliche Wirklichkeiten. Der unaufgeklärte Rassist macht Witze über die Menschen, die er ausbeutet. Der aufgeklärte Rassist dagegen besucht einen Diversity-Workshop und vermeidet das N-Wort, ohne das Geringste an seiner Geschäftspraxis zu ändern.

Noch unsere Großeltern hofften, dass Automatisierung und Bildung einen neuen, sympathischeren Menschentypus und eine dazu passende Gesellschaft schaffen würden. Die Geschichte bewies leider das Gegenteil: Je höher der Bildungsgrad und je fortgeschrittener die globale Arbeitsteilung, desto brutaler ist der Umgang der Menschen untereinander. Westeuropa ist ein Safe Space geworden, in dem Krieg, Sklaverei, Umweltverschmutzung und eklige Altherrenwitze tabuisiert sind; umso unerbittlicher muss dafür außerhalb dieser unserer Business Class die Barbarei wüten.

Der Reiter des Moralismus, dessen Schwert unerbittlicher trifft als die Schwerter seiner Kollegen, muss selbstverständlich eine Figur besonders hart bestrafen: jene, die sich praktisch, nicht nur narzisstisch, solidarisiert mit den Räumen der Externalisierung. Jene, die tatsächlich hingeht, wo es wehtut, wie man so sagt. Ich erinnere mich, wie etwa Schlingensiefs Operndorf zuerst als selbstgerechte Selbstverwirklichungssause eines westlichen Künstlers abgetan wurde – das Gleiche bei Ariane Mnouchkine oder, noch viel härter, bei Simone de Beauvoir, als sie sich mit außereuropäischen Freiheitsbewegungen solidarisierte. Sogar die Begeisterung über die Seawatch-Kapitänin Carola Rackete, die im Juni 2019 fünfzig Flüchtenden bei Lampedusa das Leben rettete, dauerte nur ein paar Tage. Ich drehte gerade in Italien *Das Neue Evangelium*, als der Reiter des Moralismus mit üblicher Effektivität zuschlug: Kurz nach der ersten Euphorie erschienen in allen großen westlichen Feuilletons Essays, die Carola Maternalismus, den «White Saviour»-Komplex, die Gefährdung der italienischen Küstenwache und die Kapitalisierung des Leids anderer zum Vorwurf machten – wenn nicht einfach die Tatsache angeprangert wurde, dass Carola Rackete Dreadlocks trug.

Man kann das alles kleinlich, kontraproduktiv, zynisch nennen, zugleich ist es aber verständlich: Aufgewachsen in Zuständen globaler Ausbeutung, können wir uns den Versuch von Solidarität oder gar interkultureller Zusammenarbeit nur als Fortsetzung dieser Ausbeutung vorstellen. Solidarität gilt dem westlichen Mainstream als Übergriffigkeit, das Aushalten von Widersprüchen als Unverantwortlichkeit, und wir Künstler:innen nehmen an diesem Spiel der Externalisierung teil, indem wir aus Angst, ins Sperrfeuer eines überhitzten Identitätsdiskurses zu geraten, moralisch gereinigte Fassaden präsentieren oder uns erst gar nicht mehr mit globalen Widersprüchen befassen. Denn tatsächlich ist das, was ich etwas großsprecherisch den Globalen Realismus genannt habe (als wäre nicht jeder Realismus zwangsläufig global, ob er es weiß oder nicht), zutiefst fragwürdig. Es bereitet unzählige schlaflose Nächte, im Ostkongo, in den italienischen Flüchtlingslagern oder im Irak zu arbeiten, für alle Beteiligten. Die auch bei jahrelanger Zusammenarbeit immer ungenügende soziale Nachhaltigkeit ist schwer zu ertragen und lässt viele von uns mutlos werden. Doch erst die Reibungspunkte – die Debatten über Frauen oder Queerness auf der Bühne in *Orest in Mossul*, die Streitereien über die Möglichkeit oder Unmöglichkeit, Polizeigewalt darzustellen auf der Bühne im *Wilhelm Tell*, die nie endenden Debatten über Aneignung und Retraumatisierung in all meinen Projekten – machen realistische Kunst im dialektischen Sinne wahr: zu einem komplexen, schmerzhaften Abbild einer globalisierten Welt.

Rufen wir also dem Reiter des Moralismus entgegen: Raus aus den Safe Spaces! Keine Angst vor Widersprüchen, keine Angst vor Fragwürdigkeiten! Oder um es mit einem Zitat von Pier Paolo Pasolini zu sagen, dessen Jesus in meinem Film als Johannes der Täufer wiederkehrt und mit dessen Fascho-Präsident aus den *120 Tagen von Sodom* ich bald einen Partisanen-Film drehen werde, denn man sollte immer das Gegenteil von dem tun, was eigentlich sinnvollerweise zu erwarten wäre: «Ich weiß sehr wohl, wie widersprüchlich man sein muss, um wirklich konsequent zu sein.» Das sollte sich, finde ich, jede Künstlerin und jeder Künstler übers Bett hängen.

Der fünfte Reiter

Der Reiter des Realismus

Dies ist der fünfte Reiter: der, den es in der Bibel nicht gibt. Denn er bezeichnet eigentlich keine spezifische Qualität, sondern das, was der Philosoph Michel Foucault ein «Dispositiv» nannte: etwas, das alles Gesagte und Ungesagte, die Handlungen und Handlungsmöglichkeiten, das Wirkliche und Denkbare einer Zeit vereint. Das, was gleichsam unüberschreitbar ist, was die Grenzen nicht nur des moralisch Akzeptablen, sondern des Realen selbst betrifft. Man könnte diesen Reiter deshalb auch den Reiter der Alternativlosigkeit nennen. Er tritt einmal melancholisch, also traurig, und einmal rechthaberisch, also aggressiv, auf. Sein Pferd ist nicht, wie die der anderen Reiter, feuerrot oder reinstes Weiß, sondern eine Art verwaschenes Braun. Man hört den trägen, aber effektiven Galopp dieses fünften Reiters etwa in den Reaktionen auf Greta Thunberg oder auf Carola Rackete, aber auch bei Hunderten anderer Aktivist:innen: Ihr «Nein» zu einer grundsätzlich als falsch erfahrenen, grundsätzlich als tödlich analysierten Gegenwart wird nicht als einzig rationale, einzig realistische Reaktion wahrgenommen – sondern als Anmaßung, als Unmündigkeit, als kindische Frechheit.

Denn genauso wie der Kapitalismus den Minimaldissens, den als Gerechtigkeitswillen getarnten narzisstischen Willen, den identitären Streit in den westlichen Chefetagen und den damit zusammenhängenden Moralismus braucht, um am Großen und Ganzen nichts zu ändern – so wie moderne Gesellschaften die Ideologien und vormoderne Gesellschaften den Glauben hatten als «Opium des Volkes» –, genauso muss der Kapitalismus sich vor dem grundsätzlichen, kollektiven «Nein» hüten. Um es in eine einfache Formel zu fassen, besteht die rhetorische Taktik des Reiters des Realismus gerade darin, den Realitätssinn zu lähmen, den Überlebensinstinkt auszuschalten, Solidarität mit den Ausgeschlossenen, aber auch mit der Zukunft zu verunmöglichen. Und die stärkste Waffe dabei ist, wenig überraschend, die reine Tautologie: Weil geschieht, was geschieht, ist das, was geschieht, also das Reale, zugleich realistisch, sprich: notwendig.

Hegel, der Philosoph des aufstrebenden Bürgertums, soll stets, wenn seine philosophischen Analysen von dem, was tatsächlich geschah, zu stark abwichen, gesagt haben: Umso schlimmer für die Wirklichkeit. Vielleicht als erstes zivilisatorisches System setzt der postmoderne Kapitalismus nicht mehr auf Ideen, sondern auf die Kraft des Tatsächlichen selbst: Was geschieht, ist einfach deshalb richtig, weil es geschieht. Umso schlimmer für die Ideen. Und der Punkt dabei ist kein philosophischer, sondern ein ökonomischer: Was geschieht, *muss* geschehen, da sonst das System insgesamt zum Einsturz kommt.

Denn im Modebegriff «Kapitalismus» steckt das Wort Kapital, und Kapital ist immer etwas Investiertes oder zu Investierendes, es hat wesenhaft eine zukünftige Dimension, nein: Das Kapital *ist* Zukunft – oder es verliert seinen Drive und hört auf zu sein. Anders ausgedrückt: Im investierten Kapital hat sich die Zukunft bereits realisiert, bevor sie da ist. Der Kapitalismus ist damit nicht aus philosophischen Gründen ein System der Härte und des Zwangs – wie es etwa der Kommunismus und der Faschismus waren –, sondern schlicht deshalb, weil das Morgen immer schon verkauft und verplant ist. Wie der Hase aus dem Märchen ist das Kapital schon angekommen, wenn die andere, humanere Möglichkeit erst losläuft – angekommen in der Zukunft, die damit auch nicht mehr für eine alternative Möglichkeit zugänglich ist.

Wer diese Form des Realismus nicht anerkennt, wer sich nicht auf moralistische Kritisiererei zurückzieht, der erscheint innerhalb des Kapitalismus deshalb logischerweise als unmündig, als verrückt, als größenwahnsinnig. Der gilt als verblendet (weil er das System nicht verstehen *will*) oder einfach dumm (weil er es nicht verstehen *kann*). Der Reiter des Realismus bezeichnet eine totale Kapitulation vor dem Realen, vor einer entleerten Gegenwart und einer verkauften Zukunft.

Nehmen wir ein konkretes Beispiel aus meiner Beschäftigung mit dem Minenbusiness im Ostkongo: Um in Bukavu oder Goma eine Goldmine produktiv zu machen – also von der Entdeckung bis zu jenem Tag, an dem der

Abbau mit allen Maschinen, Belüftungsanlagen, Unterkünften, Versorgungsketten und allem anderen losgehen kann – vergehen im Schnitt zwölf Jahre. Der finanzielle Aufwand, um, wie man sagt, eine Mine zu «öffnen», beträgt mehrere Milliarden Dollar. Kosten, die sich wegen des Bürgerkriegs manchmal noch multiplizieren, sagen wir, auf zehn Milliarden Dollar.

Zum einen schränken diese Summen die Mitbewerber auf wenige kanadische und Schweizer Firmen ein, im ostkongolesischen Goldbusiness etwa gibt es nur zwei Firmen, die finanzkräftig genug sind. Neoliberalismus, einst ja angetreten gegen staatliche Monopole, heißt heute also nicht mehr *freier Wettbewerb*, sondern steht für ein fast absurd monopolistisches System. Der für die Erfahrungsweise der totalen Gegenwart aber entscheidende Punkt ist, dass das Kapital aus komplexen Aktienfonds und Anlegerstrukturen stammt, dass also hinter dem Goldabbau eine globale Struktur aus Investition und Profit steht. Die Konsequenz daraus ist: Wenn die investierten Milliarden nicht – das hat mir einmal einer der Manager von Banro, einer kanadischen Goldfirma, vorgerechnet – innerhalb von maximal drei Jahren wieder amortisiert werden, bricht zuerst die Firma, dann der Fonds, dann die jeweilige Rohstoffbörse zusammen.

Anders ausgedrückt: Die Summen bewegen sich in einem so hohen Bereich, dass die Gefahr eines Börsencrashs ständig im Hintergrund lauert. Da bleibt keine Zeit, um vor Ort in Infrastruktur, Bildung, überhaupt irgendetwas Längerfristiges zu investierten, denn an der Stabilität der Börsen hängt ja hinwiederum unser eigener Reichtum. Entweder wir oder sie: Die Gegenwart ist zum einen universalisiert, das heißt, wir befinden uns in einem einzigen Weltinnenraum, es gibt kein Außen mehr. Die Kongoles:innen, die Schweizer:innen, die Kanadier:innen, die Chines:innen, alle stecken sie im gleichen Kapitalkreislauf. Zum anderen ist unser Handeln komplett auf die Zukunft hin getaktet, oder anders ausgedrückt: Die Gegenwart ist nur noch ein Übergangsraum, in dem die Zukunft sich zu realisieren hat. Und genau das versucht die Kunst, das versuchten wir mit dem *Kongo Tribunal* oder mit dem Tomaten-Distributionssystem, das wir parallel zum *Neuen Evangelium* aufgebaut haben: dem kapitalistischen Realismus einen alternativen, einen utopischen Realismus entgegenzusetzen – oder eben das, was ich Globalen Realismus nennen will.

Was aber wäre eine Poetik des Globalen Realismus? Welche künstlerische Praxis kann *nach* der totalen Gegenwart kommen? *Nach* der Apokalypse, die wir im Minutentakt erleben, *nach* der Offenbarung? Wir müssen uns fragen, was eine widerständige, eine utopische, eine tatsächlich *realistische* Kunst ausmachen könnte. Warum und wofür gibt es diesen *anderen* Raum, den Raum der Poesie, der Poetik, diese *andere* Gegenwärtigkeit, in der reale Erfahrung (und nicht bloß Information), in der Praxis (und nicht bloß in der Kritik), in der Solidarität (anstelle von Abgrenzung und Exklusion), Widersprüchlichkeit (anstelle von Moralismus) und Utopie (anstelle des kapitalistischen Realismus) uns befreien können aus der totalen Gegenwart? Denn um nicht weniger geht es, muss es gehen in der Kunst.

«Realismus heißt nicht, dass etwas Wirkliches repräsentiert wird. Realismus heißt, dass der Vorgang der Repräsentation selbst real wird.» Dieses Zitat begleitet mich schon eine ganze Weile, es steht so auch im «Genter Manifest». Ich dachte immer, und habe stets behauptet, dass es von Jean-Luc Godard stammt. Aber wie ich von ihm selber erfahren habe, kurz vor seinem Tod, es war das einzige Mal, dass ich ihn persönlich traf: dem ist nicht so. Was ich jedenfalls mit dem Zitat meine, ist: Der Realismus, der mich interessiert, interessiert sich nur am Rande für die Wirklichkeit, wie sie ist, oder für die Kritik der Widerspiegelung. Mich interessieren die Produktivkräfte, die Beziehungen und Widerständigkeiten der Darstellung, im Grunde interessiert mich das Chorische am realistischen Vorgang, also letztlich die an der Darstellung beteiligten Menschen, Dinge, Relationen. In einem Satz: Mich interessiert das Making-of mehr als das Endprodukt. Wenn ich lese, dann blättere ich eigentlich immer zu den Fußnoten, den Produktionsnotizen, den Erfahrungsberichten, anstatt die Geschichte zu lesen – zu dem, was *eigentlich* geschieht und bedeutsam wird, gleichsam hinter dem Rücken der Beteiligten.

Oder anders ausgedrückt: Mich interessiert an der Kunst ihre Kraft, etwas völlig Unerwartetes, etwas absolut nicht Vorgesehenes zur Erscheinung zu bringen – und zwar genau so, in genau dieser Weise, in der absoluten Lebendigkeit und Materialität des Ereignisses selbst.

In einem meiner ersten Manifeste, das ich im Jahr 2007 in der *NZZ* veröffentlichte,[8] unter dem Titel «Was ist Unst?» – einer Art Lehrer-Schüler-Gespräch nach Brecht'schem Vorbild – gibt es die Frage: «Was also liefert der Ünstler der Gesellschaft?»

Der Ünstler ist der Künstler ohne «K», der sich der reinen Wiederholung, der Nachahmung, dem Moment hingibt – und der Meister antwortet:

> «Der Ünstler liefert: eine völlig wörtliche Wiederholung der Gegenwart durch die Vergangenheit für die Zukunft.»

Und genau das ist es, genau darum geht es mir in diesem Essay: Die Kunst aktiviert die utopische Kraft des Vergangenen, die noch nicht in der Gegenwart eingelöst ist, sie lässt sie hervorschießen, sie entbirgt sie.

Um einen schönen Gedanken von Jean Ziegler zu zitieren – neben Latour und Bourdieu der dritte Soziologe, der für mich wichtig geworden ist, dessen Schüler und Freund ich sein durfte, und der Einzige der drei, der noch lebt –, betrachte ich unsere Gegenwart nicht als Posthistoire, nicht als Nachgeschichte, sondern ganz im Gegenteil als «Vorgeschichte des Menschlichen»: Wir sind noch halbe Tiere, gierig und völlig unfähig, über das Tagesge-

Was ist Unst?

von Milo Rau (IIPM)

Die Unst bevölkert die Gesellschaft und schlägt ihr Gedächtnis auf. Die Unst sammelt, kopiert, zeigt. Die Unst ist der Restverwalter jener Wirklichkeit, die im Vorwissen der Kunst vergessen gegangen ist. Die Unst ist die reine Wiederholung. Denn wir haben begriffen, dass die Kunst sich loswerden muss, um wieder eine zu werden.

Was bedeutet Unst?

Die Unst ist ein Wort. Es schreibt sich wie Kunst, nur ohne K: Unst. Sagt jemand: „Kunst", so antworten wir ihm wörtlich: „Unst". Schreibt jemand: „Kunst", so bemerken wir den Radiergummi und gelangen zur Unst. Begegnet uns ein Künstler, so bekehren wir ihn durch ein einziges Wort. Denn die Unst ist die Wörtlichkeit. Und die Liebhaber der Unst sind die Ünstler.

Was begeistert den Ünstler?

Der Ünstler ruft ausser sich: „Süsse Schönheit", wenn das Mikrofon des Diktators rauscht, wenn der Kies unter den Füssen des Zeugen knirscht, wenn ein Flugzeug ein verlassenes Braunkohlegebiet überfliegt, wenn der Scherz dem Erzähler entgleitet, wenn die Quellen sich widersprechen, wenn der Dezember für Klarheit sorgt, wenn ein Berg ein Echo wirft, wenn ein Unbekannter einen Einkaufszettel schreibt. Denn das alles ist Unst, und die Unst ist das uneigene Gebiet des Ünstlers.

Warum feiert die Unst das Leben?

Die Unst feiert das Leben nicht, weil es widersprüchlich ist (aber auch). Die Unst feiert das Leben nicht, weil es lustig ist (aber auch). Die Unst feiert nicht das Tragische, nicht das Wahre, nicht die Geschichte, nicht die Revolution, nicht die Melancholie, nicht das fremde Geschlecht und nicht die Klasse (aber manchmal schon). Die Unst verkündet nicht die Lehre der Hysterie, der Poesie oder des Understatement (nur ab und zu). Die Unst gründet seine Belehrungen nicht auf die Armut oder den Reichtum, die Jugend oder das Greisenalter, die Bildung oder den Pop, die Linke oder das Rechte, die Tradition oder die Revolution, Hollywood oder den Iran, das Rätselhafte oder das Klare (all das zwischendurch). Das Unst ist weder ellitär noch mittelständisch, weder gründlich noch oberflächlich, weder dramatisch noch episch, weder poetisch noch kalt (höchstens zum Spass).
FRAGE: Für welche Qualität aber feiert die Unst das Leben?
ANTWORT: Die Unst feiert das Leben, weil es GENAU SO ist. Die Unst liebt den Iran, das logische Rätsel, den Dezember und die Revolution, weil sie GENAU SO sind. Die Unst erforscht die Geschichte, die Hysterie, das Lustige und das Wahre, weil all das GENAU SO ist. Die Unst liebt sogar die Zukunft, weil sie GENAU SO ist.
FRAGE: Was also ist die Unst?
ANTWORT: Die Unst ist die Betrachtung des GENAU SO.

Wie löst die Unst das Zeitproblem?

FRAGE: Wie steht die Unst zur Jetztzeit, zur Geschichte und zu den Problemen der Zukunft?
ANTWORT: Die Unst ist die Analyse des GENAU SO der Jetztzeit, welche aber im Augenblick ihrer Betrachtung bereits eine vergangene, also eine Vorzeit ist.
FRAGE: Die Jetztzeit ist eine Vorzeit?
ANTWORT: Oder umgekehrt.
FRAGE: Und weiter?
ANTWORT: Gegeben das gestische Voranschreiten der Unst im jeweils gegebenen Moment in beide Richtungen der Vor- und der Nachzeit, ist jede Erkenntnis des Ünstlers über das GENAU SO der Jetztzeit zugleich eine Handlungsanweisung für eine ebenfalls völlig gleichzeitig sich ereignende Nachzeit.
FRAGE: Die Gegenwart des Ünstlers ist also eine Handlungsanweisung an die Zukunft?
ANTWORT: Richtig. Unter der Voraussetzung natürlich, dass diese Anweisung nicht in irgendeiner übertragenen Weise, sondern ausschliesslich GENAU SO, also FÜR DEN GEGEBENEN MOMENT, also WÖRTLICH gemeint ist. Aber ein Ünstler spricht immer wörtlich, sonst wäre er kein Ünstler.
FRAGE: Vergangenheit, Gegenwart und Zukunft werden durch die Arbeit des Ünstlers eins und dasselbe?
ANTWORT: Natürlich.
FRAGE: Produziert ein Ünstler also Nachzeit?
ANTWORT: Selbstverständlich. Jeder Ünstler ist eine völlig objektive Weissagungsmaur der Nachzeit.
FRAGE: Der Ünstler kennt die Zukunft?
ANTWORT: Richtig. Aber nur für den jeweils gegebenen Moment. Nur innerhalb der jeweiligen Recherche. Nur wörtlich.
FRAGE: Was also liefert der Ünstler der Gesellschaft?
ANTWORT: Der Ünstler liefert: eine völlig wörtliche Wiederholung der Gegenwart durch die Vergangenheit für die Zukunft.

Fragen der Methode I.

Der Ünstler unterscheidet sich vom Künstler durch seine wissenschaftlichen Eifer und seine vollkommene Objektivität. Für den Ünstler ist jeder Augenblick seiner privaten Arbeit ein Teil der grossen Arbeit am Welt-Objekt, welches wiederum jene Voraussetzung des Augenblicks ist. Schauspiel, Beleuchtung, Sprache, Musik. Der Blick der Zuschauer, der Diktatoren, ihrer Verräter, der Statisten, der Kameras. Die Kleinschreibung, die Grossschreibung, das Exposé, die Recherche, die Kritik, der Absatz und die Abweichung. Die Kosten des Schauspiels, die künstlerische Wahrheit, das Husten im Publikum. Das Gerade, die Urteile, die Benachrichtigungen, die Plötzlichkeit, die Montage, die Komik, die Unsicherheit, das Wort, das Missverständnis und die Absicht. Die Glut des Dokuments, des Augenblicks und der Zukunft. Die Verfügbarkeit, die Ironie und das Geld. Die drei Akte, die Übergänge und das Fragment. Die Dramaturgie, die Geschichte, die Zeugnisse und der Zufall. Alle Stimmen, alle Reisen, alle Fahrpläne, das

Frühstück, der tiefere Sinn, die Tugend, die Witterung und die Geometrie. Der aktuelle Krieg und der persische, der Nebensatz, die Dialektik, die Erdanziehung, die Pause, der Schlaf. All das ist Teil der grossen Arbeit des Ünstlers. All das gehört zur Methode der Unst. Die Hilfsmittel des Ünstlers sind also zahllos in ihrer Art und unendlich in ihrer Wirksamkeit.

Fragen der Methode II.

Wir wiederholen (um der Wiederholung willen): Die Arbeit des Ünstlers ist niemals subjektiv, sondern immer völlig objektiv. Denn der Ünstler vertraut auf den GEGEBENEN MOMENT, auf die Lehrsätze der Kybernetik, des Varietés, der Kriminologie, der Evolutionstheorie, der Quantenphysik, der Gesprächsanalyse, der Mystik, der Autobiographie unsofort bis ans Ende der Wissenschaften in sich vereinigt. Der Ünstler handelt wie jener Weise, der das Fleisch nicht teilt, indem er es schneidet – sondern das Messer sucht ansetzt, wo es das Messer ist. Aber WO ist das Messer dieses Messer, welches WIE VON ALLEINE teilt?
ANTWORT: Jeder Moment enthält das Messer, mit dem er vom Ünstler WIE VON ALLEINE geteilt werden kann.
FRAGE: Wie erkenne ich das Messer?
ANTWORT: Das Messer zeigt sich erst in der ünstlerischen Teilung.
FRAGE: Es gibt also darum, das Messer, das den Moment WIE VON ALLEINE teilt, in diesem selben Moment zu finden, indem er sich dank des Messers teilt?
ANTWORT: Natürlich.
FRAGE: Und wie komme ich zu diesem Moment?
ANTWORT: Wie von alleine. Das ist die Objektivität der Unst.

Genau dies.

Was ist in einem Wort das Ziel der Unst?
Das ist der Lebenszweck des Ünstlers?
Dies zu erheben
Zu hören
Und das zu Sehen
Was?
Alles, aber nur DIES.
Wann?
Immer, aber nur in DIESEM Moment.
Wie?
Auf alle Arten, aber nur GENAU SO.
Wo?
Überall, aber nur HIER.
Denn GENAU DIES
Ist das Ziel.

Das Manifest „Was ist Unst?" ist das wichtigste der zahlreichen Manifeste, die der Arbeit des europäischen Künstlerkollektiv „IIPM – International Institute of Political Murder" begleiten. Weitere Texte zur Arbeit des Instituts und ein ausführliches Interview S. 13–18.

Nato siche

Bei Rückkehr ins Bünd
Generalsekretär DeHo
Scheffer in Paris

Angesichts des Widerstands in Fran
gegen die vollständige Rückkehr in d
Generalsekretär Jaap De Hoop Schef
kung der Souveränität des Landes be

(sda/afp) Durch die Rückkehr in die
strukturen der Nato werde Frankreic
seiner Entscheidungsfreiheit einbüsse
De Hoop Scheffer bei seinem Besuc
Zudem werde es danach »sehr wicht
im Bündnis benetzen.

Die von Präsident Nicolas Sarkozy an
dige Nato-Rückkehr stösst in Frank
Ablehnung, bei der linken Oppositio
extremen Rechten. Geplant ist aie zu
Gipfel Anfang April anlässlich des 60
Bestehens der Allianz. Sarkozy mach
von Fortschritten bei der Stärkung d
teidigung abhängig.

Weniger Einfluss

Frankreich ist zwar von Beginn an M
1949 gegründeten Nato, zog sich abe
Aufstieg zur Atommacht 1966 unter
Charles de Gaulle aus der militärisch
on zurück. Erst seit 1996 sitzt Frank
im Nato-Militärausschuss.

Bis heute ist Paris aber weder im Ver
gungsplanungsausschuss noch in der
ren Planungsgruppe (NPG) vertrete
Atomstreitmacht bestimmen, politis
aber im Bündnis nicht den gleichen E
Vollmitglieder.

Gemäss Diplomaten hat Paris bereit
erhalten, die Führung des Nato-Hau
zur Reform der Allianz in Norfolk im
Virginia zu übernehmen. Zudem sol
Regionalkommando in Lissabon übe
bekommen.

schäft hinauszudenken. Oder vielleicht sind wir, was das Gleiche ist, noch nicht Tiere genug: Vielleicht versuchen wir unserer Körperlichkeit, unserer Endlichkeit, unserer Widersprüchlichkeit und Abhängigkeit noch zu sehr zu entfliehen. Wir sind, wie Latour einmal geschrieben hat,

«nie modern gewesen», die ganzen Binaritäten, die ganzen «Großen Erzählungen», von denen ich vorher sprach, waren nützliche Irrtümer, die wir nun endlich ablegen können. Der Kunst kommt dabei eine utopische Rolle zu, glaube ich: Sie setzt gegen den halb blinden, halb zynischen Realismus der Postmoderne einen Möglichkeitsrealismus, der Situationen schafft, in dem das Unmögliche nicht nur denkbar wird, sondern sich tatsächlich realisiert. Wenn auch nur, wie etwa im *Kongo Tribunal*, für drei Tage. Wenn auch nur, wie bei der Filmschule in Mossul, für gerade mal 20 Student:innen. Aber genau das ist es, was den Globalen Realismus von allen bisherigen Realismen unterscheidet: Abbildung und Reales, Kritik und Praxis werden eines. Das Allgemeine wird nicht durch das Besondere indirekt dargestellt, es wird erlebt und gleichsam hypnotisch *geschaut*, oder wie Goethe sich ausdrückt: «Wer nun dieses Besondere lebendig fasst, erhält zugleich das Allgemeine mit.»[9] Im *Kongo Tribunal* leuchtet, behaupte ich, die zukünftige Praxis einer internationalen Rechtsprechung auf – also die Mischung von verschiedenen Rechtsformen, von traditionellem und internationalem Recht, von lokalen und europäischen Richter:innen. Aber nicht als künstlerische Allegorie, nicht in erfundenen Figuren, sondern als reale Situation, in Anwesenheit der realen Akteur:innen, nach real gültigem Recht: als reale Institution.

Womit wir zur abschließenden Frage des ersten Teils kommen: Was tun? Was tun, um die totale Gegenwart zu überwinden? Was tun – nach der Apokalypse? Direkt nach den *Moskauer* und den *Zürcher Prozessen*, die im Frühjahr und im Sommer 2013 stattfanden, schrieb ich ein Buch mit dem Titel *Was tun?*[10] Falls Sie es gelesen haben, wird Ihnen aufgefallen sein, dass ich darauf im Buch nicht antworte, ganz einfach deshalb, weil jede Antwort nur praktisch, nicht theoretisch sein kann. Ich werde hier nun aber versuchen, praktische Antworten zu geben. Vorerst möchte ich, ganz allgemein, an den Grundsatz der phänomenologischen Soziologie erinnern, wie mein Lehrer Pierre Bourdieu sie vertrat: Es gibt keine natürlichen kulturellen Handlungen, es gibt nur Handlungen, die so weit normalisiert sind, dass sie uns natürlich erscheinen. Es gibt keine böse Realpolitik und daneben eine gute, die den Aktivist:innen, den Phantast:innen vorbehalten wäre – es gibt nur die Resultate aus kollektiven Handlungen. Der Kapitalismus ist, und das ist seine utopische Qualität, die schon sein größter Sänger Karl Marx bewunderte, der Kapitalismus ist völlig amoralisch. Der Kapitalismus sagt: Wenn es Zuschauer:innen für 100 oder 1000 oder 10 000 Filme aus Mossul gibt, dann liefert mir diese Filme. Wenn eine Million Menschen nachhaltig produzierte Tomaten essen wollen, dann liefert mir diese Tomaten. Womit wir zur letzten Szene dieses Teils kommen.

Die Lehren aus der Postmoderne, die mir in meiner Jugend verabreicht wurden, und ihre vielleicht höchste architektonische Leistung, der Porticus zum «Parc Simo-

ne Veil», diese vollendete Gedanken- und Ideenlosigkeit des Kapitalismus, sein *Anything Goes* – hinter sie können wir nicht zurück. Alles, was wir tun und was wir denken, muss *innerhalb* dieses Parks geschehen, in dem der Holocaust und Godard, die Herrschaft und ihre Kritik, die gute und die böse Moral, Judith Butler und die Beastie Boys, Harvey Weinstein und Annie Ernaux, Nihilismus und Geschichtsphilosophie, sinnhafte und sinnlose Handlungen nebeneinander existieren.

Ja: Der Sinn unserer Kunst, ihr «Warum?», kann nur einer sein, der *aus* der Postmoderne kommt. Lassen Sie mich Ihnen deshalb zum Ende des ersten Teils den vielleicht postmodernsten Film überhaupt empfehlen – der aber die Postmoderne, ich weiß nicht wie, auf völlig entspannte und doch magische Weise überwindet.[11] Es ist ein Film, den ich zufällig auf YouTube entdeckt habe, und zwar als ich gerade, von dem vortrefflichen *Blutbuch* von Kim de l'Horizon ermüdet, ein wenig Entspannung suchte. Der Film wurde im Westschweizer Rolle aufgenommen, einem deprimierenden Straßendorf am Genfersee, zwischen Lausanne und Nyon gelegen. In Rolle hat Godard die letzten Jahrzehnte seines Lebens verbracht.

Rolle ist eine Art «Parc Simone Veil» auf schweizerisch: zersiedelt, Kleinbürgerliches auf völlig zufällige Weise mit Vermutungen von Größe, mit Natur, mit Idylle mischend, Land mit Stadt, überall Kleingewerbe, irgendwelche Elektronikgeschäfte und Eiscreme-Läden, schlechter Geschmack, Blumenkübel, die Welt gleichsam in eine ewige, verflüssigte «Vor-Stadt» verwandelnd – die Schweiz eben. Der Film ist unendlich genau, unendlich realistisch, unendlich kapitalistisch, er zeigt wirklich nur, was ist – vermutlich deshalb, weil er allein Bilder von Google Street View nutzt. Diese absolute Gleichgültigkeit, dieser vollendete Zynismus der Google-Kamera wird überhöht durch die Musik, es ist die schönste Filmmusik überhaupt: «Camilles Thema», aus *Le Mépris* von Godard, das erklingt, wenn die Kamera am Ende des Films, in welchem Fritz Lang die Odyssee verfilmt, aufs Mittelmeer schwenkt. Godard hat sich im September 2022 entschieden zu sterben, sein Körper liegt nun unter der Erde.

Der Film zeigt also Rolle, aber er endet, völlig unerwartet, mit einer Erscheinung: Godard und seine langjährige Cutterin, Co-Regisseurin, Co-Autorin und

Freundin Anne-Marie Miéville gehen durch die Straßen, vermutlich zum Mittagessen. Genau genommen endet der Film nicht mit Godard und Miéville, sondern mit einem Schwenk in den Himmel, genau wie in *Le Mépris*. Ich weiß nicht, warum dieser YouTube-Film mich so sehr berührt. Vielleicht, weil mit Godard und Miéville mitten im kapitalistischen Realismus eines Schweizer Straßendorfs plötzlich die Freundschaft selbst erscheint – und dann auch wieder verschwindet, wenn die Kamera ruckelig wegschwenkt. Oder vielleicht ist es die absolute Alltäglichkeit dieses Films, in der sich Einsamkeit und Solidarität, Vergänglichkeit und Ewigkeit, Zufall und Hoffnung, Schönheit und Hässlichkeit die Waage halten. Wir befinden uns mitten in der totalen Gegenwart – und trotzdem entkommen wir ihr, nicht wahr? So wie in der Kunst, auf der ich nach der Suche bin.

LOB DES EXTREMISMUS. ODER EINE KURZE GESCHICHTE DER REVOLTE

PROLOG
DAS ENDE KOMMT NIE

———————

«Mögen Sie es, darauf zu warten, dass es beginnt?»

«Stehen Sie lieber auf der Bühne oder sitzen Sie lieber im Publikum?»

«Was mögen Sie an Events wie diesem?»

Das sind drei Fragen aus der Performance *The Interrogation*, «Die Befragung», die ich dieses Frühjahr mit meinem Freund, dem französischen Autor Édouard Louis, geschrieben und inszeniert habe. Das Stück erzählt die Lebensgeschichte von Édouard: Aus der nordfranzösischen Provinz, aus der Arbeiterklasse kommend, lernt er zufällig den Soziologen Didier Eribon kennen, der ihn nach Paris einlädt. Woraufhin Édouard eine atemberaubende Karriere hinlegt: Er besucht die École normale supérieure, eine Elitehochschule, und wird mit Büchern, die seine Herkunft und später auch seine Verwandlung beschreiben, der vermutlich berühmteste Autor seiner

Generation. Er ändert seinen Namen (sein richtiger Nachname ist Bellegueule), er ändert seinen Freundeskreis, er ändert sein Äußeres, um das zu werden, was er *ist*: ein Intellektueller, ein Schriftsteller, ein Künstler, ein Liebender, ein Freund.

The Interrogation erzählt genau das: Die Geschichte eines Menschen, eines sogenannten *transfuge de classe*, der seinem sozial vorgezeichneten Schicksal entkommt. Eine Geschichte der Gewalt und eine Geschichte der Gegengewalt. Eine Geschichte der Revolte gegen die Art und Weise, wie die Kraft der Tatsächlichkeit, die Gesellschaft, aber auch der Blick der anderen uns zu dem machen, was wir sind und sein sollen: eine Frau oder ein Mann, eine Arbeiterin oder eine Intellektuelle, schwarz oder weiß, eine Geflüchtete, ein Angehöriger der privilegierten Klasse und so fort. *The Interrogation* beschreibt den Kampf eines Menschen, der sich durch seine Kunst, durch seinen Aktivismus, durch seine Sexualität, durch Freundschaft, durch gemeinsame und einsame Praxis neu erfindet. Und der damit, das ist der springende Punkt unserer Inszenierung, nie ans Ziel, nie an ein Ende kommt.

Édouard Louis wird mit dem konfrontiert, was Jhumpa Lahiri in ihrem ersten Buch einst die *Melancholie der Ankunft* nannte. *The Interrogation* ist eine Geschichte der gescheiterten Revolte, oder wie es unser gemeinsamer Bekannter Geoffroy de Lagasnerie so schön formuliert in seinem Buch *Die unmögliche Kunst*, und er meint natürlich die Unmöglichkeit der Politischen Kunst: «Kunst ist die Melancholie der gescheiterten Revolte.»[12]

Am Ende des ersten Teils unseres Stücks heißt es:

Mein ganzes Leben lang dachte ich, die nächste Phase würde die letzte sein. Aber mit jeder neuen Phase kam auch ein neues Ziel. Du sagst dir: Ich werde die Schule abschließen und dann werde ich meiner Vergangenheit und meiner Kindheit wirklich entkommen, ich werde das Recht haben, mich auszuruhen. Du sagst dir: Ich muss nach Paris gehen, um zu studieren, und danach ist es geschafft, ich habe getan, was ich tun musste. Ich ändere meinen Namen, und dann ist endlich Schluss. Ich werde ein Buch schreiben, und das wird das Ende sein, dieses Mal wird alles gut gehen, ich werde nicht mehr kämpfen müssen. Aber wenn du dein erstes Buch geschrieben hast, denkst du: Ich muss ein zweites schreiben, und dieses Mal werde ich mich der Welt beweisen. Ich werde gerettet werden, es wird alles ein Ende haben. Ich werde mich ausruhen. Aber dann schreibst du noch ein Buch. Und noch ein Buch. Du wirst Schauspieler. Und dann spielst du in einem Stück, und auch das führt dich nur weiter hinein in diese Traurigkeit. Das Ende kommt nie.

FÜNF SEINSWEISEN FÜR
DAS UTOPISCHE DENKEN

Im ersten Teil sprach ich über die «Fünf Reiter der Posthistoire»: über die fünf Geistes- und Seelenzustände,
die uns in dem festhalten, was ich totale Gegenwart genannt habe. Diese Reiter geben uns das Gefühl, informiert
zu sein, während sie uns tatsächlich durch Übermaß an
Information und Handlungsmöglichkeiten lähmen. Sie
lassen uns im Glauben, realistisch zu sein, während wir
uns in Wahrheit in Verdrängung üben. Sie hinterfragen
jeden Versuch, in Aktion zu kommen – durch das, was ich
das letzte Mal den Minimaldissens genannt habe, durch
moralische Verurteilung, durch eine freidrehende Debat-
tenkultur. Und schließlich sperren sie uns ein in unserer
zufälligen Identität oder unserer zufälligen Herkunft,
machen damit jede Solidarität, die Basis kollektiver Aktion, unmöglich.

Die totale Gegenwart hat, auf einen Lebenslauf ge-
rechnet, eine zirkuläre Struktur: Sie hat keinen Anfang

und kein Ziel, «das Ende kommt nie», wie Édouard Louis sagt. Die Türen zur Zukunft wie zur Vergangenheit, zur Utopie wie zur Erinnerung, sind verschlossen. Jeder Gedanke, jede Aktion bricht die Gegenwart nicht auf, sondern bestätigt sie. Die totale Gegenwart ist, simpel gesagt: der Raum der Melancholie. Sie ist die Ewigkeit, in der wir aber – was ja das Schreckliche ist – selbst nicht ewig, sondern sterblich sind. Die totale Gegenwart ist also der depressive Seinszustand, eine stagnierende Zeitlichkeit, ein toter Zeit-Teich jenseits der geschichtsphilosophischen Zeit. Sie ist, wie ich im ersten Teil vorgeschlagen habe, ein Dispositiv im Sinn von Michel Foucault: eine geschlossene, stählerne Gesamtheit begrifflicher und gedanklicher Vorentscheidungen, innerhalb derer sich Diskurse und Interaktionen überhaupt erst entfalten können.

Denn ein Dispositiv, jedenfalls so, wie ich den Begriff verwenden möchte, umfasst alles: das Funktionieren der Institutionen von der Schule übers Theater bis zum Staatsapparat, ihre administrativen und politischen Leitsätze. Mehr noch: die Moral, das Gedächtnis und das utopische Empfinden einer Gesellschaft, die Art und Weise, wie sie die Vergangenheit festschreibt, die Gegenwart organisiert und auf die Zukunft vorgreift. Das, was ich totale Gegenwart nenne, betrifft den Alltag also genauso wie das Seelenleben, die Regeln des Politischen genauso wie die Regeln der Paarbildung, die Regeln des Umgangs von Eltern mit ihren Kindern, von Wirt:innen mit ihren Gäst:innen, von Zugereisten mit Einheimischen, von Beherrschten mit den Herrschenden, von mir mit Ihnen oder von Ihnen mit mir: was Sie von diesem Text erwarten und was nicht, was Sie sich, von dem, was ich schreibe, merken und was Ihnen unwichtig erscheint.

Wir alle kennen die performativen Tricks, mit denen man diese Ausgeliefertheit moduliert. Nehmen wir als Beispiel die Poetikvorlesung. Ich hätte das Dispositiv durchbrechen, oder besser: eine Fußnote einfügen können, indem ich mir während der Veranstaltung den Kopf rasiert oder die Stirn geritzt hätte. Ich hätte das Publikum beleidigen, mich nackt ausziehen, mit Suppe werfen oder mich ans Rednerpult kleben können. Zweifellos wäre es besonders effektiv gewesen, wenn ich mich angezündet hätte vor aller Augen. Aber was auch immer ich getan habe oder hätte tun können: Was man von mir in Erinnerung behalten wird, in welcher Form ich das Publikum enttäuscht und in welcher ich es überrascht habe – nichts hätte etwas an der Totalität der Gegenwart, in der all das stattfand, ändern können. Alles, was ich hätte tun können, wäre sofort zum Bild geworden in der endlosen Geschichte der misslungenen Revolte gegen die Gegenwart. Und dieses Bild würde dann, melancholisch, hinter Glas, in der Galerie der Kunstgeschichte hängen, so wie van Goghs *Sonnenblumen*, die kürzlich mit Tomatensuppe beworfen wurden.

Wie kann das sein: eine radikale Tat ohne Konsequenzen? Ganz einfach: Ein Dispositiv, wie ich es verstehe, umfasst nicht nur das Geschehene und die Interpretation des bereits Geschehenen. Sondern auch das Ungeschehene, das nicht Getane, also die Konsequenzen einer Handlung. Oder mit anderen Worten: Auf eine seltsame Weise hat alles, was ich im Rahmen einer Poetikvorlesung tun kann – vom Rasieren der Haare bis zum Feuertod –, keine Konsequenz jenseits der Quantität der Aufmerksamkeit *innerhalb* des Dispositivs, in dem wir uns befinden. Als die Aktivist:innen von Just Stop Oil und der Letzten Generation kürzlich Tomatensuppe aus einer Heinz-Dose auf van Gogh warfen (oder Kartoffelbrei auf Vermeer), bewegten sich die Kommentare, vom üblichen Konservativismus mal abgesehen, in einer Spannbreite von Amüsement (denn natürlich stehen Tomatensuppendosen für Andy Warhol, womit also die Postmoderne den Impressionismus attackiert hatte) bis praktischer Kritik.

Als ich mich Anfang der Woche auf eine TV-Sendung zu dem Thema vorbereitete, rief ich Aktivist:innen aus meiner Generation an, etwa die Leute vom Unsichtbaren Komitee, die bekannt sind für ihre Attacken auf TGV-Linien und Sendemasten – ich kenne sie sehr gut, da ich gerade mit ihnen einen Partisanen-Film drehe. Sie sagten mir: «Wir sprengen Bahnlinien, besetzen Kohlekraftwerke, hacken Firmenaccounts. Was soll diese Rückkehr zu kleinbürgerlichen futuristischen Aktionen im Stil von Marinetti? Was interessiert uns van Gogh?»

Natürlich ist es verständlicher, wenn man eine Firmenzentrale, ein Braunkohlebergwerk oder einen Flughafen besetzt. Und das wird ja, im großen Stil, auch gemacht. Mit den symbolischen Attacken auf Kunstwerke in Museen soll darauf hingewiesen werden, dass wir dabei sind, eben diese Kulturschätze zu verlieren, wenn wir jetzt nicht handeln. Wir können nicht auf der einen Seite Nachhaltigkeit, Kontemplation und Schönheit in den Museen hochhalten, in klimaregulierten Räumen, damit der Kunst nichts passiert – und auf der anderen Seite zulassen, dass ganze Länder überschwemmt werden. Natürlich ist der Kunstmarkt, unter welchen humanistischen Titeln die Ausstellungen auch laufen, nicht Teil der Lösung, sondern des Problems. Die Naturgemälde von Gauguin oder Monet sind nicht einfach nur Bilder, sie haben einen Wert von Dutzenden von Millionen Euro auf einem internationalen Markt – Geld, das ironischerweise aus der Zerstörung der Natur stammt, die auf den Gemälden gefeiert wird. Ich denke deshalb, dass die von den Aktionen der Letzten Generation betroffenen Künstler:innen, wären sie noch am Leben, eher Verbündete als Opfer der Aktivist:innen wären. Kurzum: Ich denke, dass es im Aktivismus nicht die eine, richtige, sondern dass es viele parallele Strategien gibt, die sich gegenseitig ergänzen. Was gerade uns Aktivist:innen natürlich nicht daran hindert, uns gegenseitig bis aufs Blut zu kritisieren.

Es ist, als wären wir in einem Aquarium gefangen, nicht wahr? Ein Aquarium, in dem wir im Kreis schwimmen und gelegentlich nach einander schnappen, wie depressive Goldfische. Denn totale Gegenwart, das meint eine zirkuläre Ideologie, die so stark und umfassend ist, dass sie dem nahekommt, was die Alten das «Fatum» nannten. «Eine unsichtbare Macht, die keine Naturmacht mehr erreicht und über die selbst die unsterblichen Götter nichts vermögen», wie Schelling in seinem berühmten 10. Brief seiner *Philosophischen Briefe* schrieb. Das Meta-Metaphysische, das noch über dem Göttlichen, noch jenseits der Unsterblichkeit liegt. Das Besondere oder Perfide an diesem Fatum, dieser Ideologie ist nun – im Gegensatz zur Ideologie des, sagen wir mal, viktorianischen, also bürgerlichen Zeitalters oder der Ideologie der modernen, also faschistischen oder kommunistischen Epoche – ihre *totale Inklusivität*. Es ist die erste Ideologie, die nicht nur für ein Geschlecht, eine Nation, eine Kultur, eine Gruppe Eingeweihter gemacht ist, oder anders: es ist die erste Globalideologie, die jede Person meint, sie *anruft* – und jede Person in ihrer *Einzigartigkeit* und damit Vereinzelung.

Der Kommunismus musste das Bürgertum vernichten, der Liberalismus den Adel, der Klassizismus das Barock, die Moderne ganz insgesamt das Alte – wir erinnern uns an Marinetti, der die Museen stürmen wollte, sie zerschlagen, auslöschen. Die Posthistoire dagegen hat keinen Feind, die Posthistoire benennt keinen Antichristen, der an der Pforte der Ewigkeit steht – oder jeden Tag einen anderen. Denn sie *ist* ja die Ewigkeit – wenn auch die Ewigkeit der Sterblichen, was ihre überwältigende melancholische Qualität ausmacht. Die Posthistoire ist wie die Schweiz: Sie vernichtet nicht, sie gemeindet ein.

Sie ist besessen von der mundanen Emanzipation: Nicht als Menschheit, nicht planetarisch, nicht in der Zukunft soll es uns besser gehen – sondern nur *mir*, nur *uns*, und zwar *hier* und *jetzt*. Alles Dogmatische geht ihr ab, sie meidet den Ausnahmezustand wie das Weihwasser, Krieg nennt sie «conflict», Klassenkampf «Strukturdebatte». Anders als alle anderen Ideologien sucht sie nicht den Antagonismus, sondern den hysterischen Kompromiss. Sie phantasiert nicht von ihrem eigenen Ende: Sie *ist* es.

So hat es der kapitalistische Realismus geschafft, sogar das eigene apokalyptische Bewusstsein zu verdrängen. Oder um es mit einem mal Fredric Jameson, mal Slavoj Žižek zugeschriebenen Bonmot zu sagen: «Es ist einfacher, sich das Ende der Welt vorzustellen als das Ende des Kapitalismus.» Das Gegenwartskonzept des Kapitalismus ist so diesseitig, dass es – ähnlich wie in einem Wachtraum – auch das reale Aufwachen, also sein tatsächliches Ende überdauert.

Im ersten Teil habe ich über die fünf Reiter geschrieben, die uns in diesem Wachtraum festhalten. Jetzt komme ich zu einer einfacheren Sache: zu den fünf Seinsweisen, die wir üben oder gar wiederentdecken müssen, um von diesen Reitern wieder absteigen zu können.

Ich will einen poetologischen Gesang anstimmen auf:

- Die extreme Erfahrung (anstelle virtueller Information)

- Die radikale Widersprüchlichkeit (anstelle des Moralismus)
- Die ekstatische Praxis (anstelle akademischer Kritik)
- Die praktische Solidarität (anstelle identitärer Abgrenzung) und
- Die reale Utopie (anstelle des zynischen Realismus)

Denn natürlich sind es genau wir, die letzten Kinder der Posthistoire, die die neuen Seinsweisen einüben müssen. Immer wieder warfen mir Kritiker:innen in Interviews vor, kein Theater für die Gegenwart, sondern für die Zukunft zu machen.[13] Das stimmt: Denn das Theater beginnt an jedem Tag neu, es gibt keine «fertigen» Stücke, so wie es fertige Filme gibt. Heute aber will ich noch einmal in die Vergangenheit schauen – meine eigene Vergangenheit. Denn heute geht es um eine Wiederaneignung oder eine Wiederholung – also ein Wieder-Holen – der entwerteten, ja: verschütteten Tugenden der Revolte. Es geht darum, diese gewaltige Traurigkeit anzunehmen. Es geht darum, den Raum der Melancholie zu durchmessen, in dem wir gefangen sind. Darum, wie Édouard Louis in einem Interview zu *The Interrogation* gesagt hat, diese riesige Müdigkeit zuzulassen, diese Verletzlichkeit, diese Erschöpfung, die alle Aktivist:innen kennen, und die ich oft auch in den Augen meiner Mitarbeiter:innen sehe.

Wir müssen die wundervolle Bewegung der Dialektik einüben. Wie aus Melancholie Gelassenheit wird, aus

Kritik Praxis, aus Moralismus tätiger Widerspruch, aus Information Erfahrung, aus Hysterie Konzentration. Im ersten Teil schrieb ich: «Ich denke, dass jeder Gedanke, der mir wert scheint, festgehalten zu werden, auf Begegnungen beruht ... Ich kann nicht denken, wenn ich allein bin, ich glaube: Es gibt kein einsames Denken.» Denn genau das ist die totale Gegenwart: die Seinsweise des einsamen, des vereinzelten, des vereinsamten Denkens. Es ist die Multiplikation der Egos, die unmögliche Begegnung, die zerstörte Solidarität.

Es gibt so vieles, was wir gemeinsam wiederfinden müssen. Im Folgenden werde ich fünf Projekte und fünf Menschen (oder Gruppen von Menschen) beschreiben, fünf zufällig Begegnungen, die mir eine neue Seinsweise nicht erklärt, sondern – das nämlich ist die Kunst, die mich interessiert – *gezeigt, vorgelebt* haben. Menschen, die die Gesellschaft von ihren Rändern her verändern, von ihrem Außen her, Extremist:innen also im ursprünglichen Wortsinn. Denn «extrem» kommt von *extremus*, was wiederum der Superlativ von *externus* ist, was «außen» heißt. Ist es nicht faszinierend, dass es einen Superlativ von außen gibt? Nicht einfach außen, sondern *äußerst*. Also immer, absolut, wesenhaft außen. Wie fühlt sich dieses «äußerst», wie fühlt sich «Extremismus» an? Um Kim de l'Horizon zu zitieren, seinerseits ein extremer Mensch, ein Extrem-Mensch der Zärtlichkeit:

Als ich dir zu schreiben begann, dachte ich, dass ich «unsere» Geschichte schreiben wollte. Es stellte sich allerdings heraus, dass Menschen wie wir keine «Geschichte» haben; nichts, was sich zu einem wohltemperierten Familienroman zusammenhämmern ließe. Und was mich sowieso mehr interessiert als «unsere Geschichte», sind unsere Gefühle, Innerlichkeiten, das Geschichtete unseres stinknormalen Erlebens.[14]

Kommen wir nun also zu einer Geschichte des stinknormalen Erlebens. Um die fünf Seinsweisen des Extremen.

Erste Seinsweise
Extreme Erfahrung

Ich habe 2021 ein Stück inszeniert: *Grief & Beauty* hieß es, «Trauer und Schönheit». Das Stück ist einer Frau gewidmet, Johanna. Ich lernte Johanna kennen, zehn Jahre, nachdem sie beschlossen hatte zu sterben. Ihren Tod hatte sie auf den 28. August festgelegt, einen Tag nach ihrem Geburtstag – und etwa eine Woche vor unserer Premiere. Sie bat mich, ihren Tod zu filmen und live auf der Bühne zu zeigen. «Der Tod», sagte sie, «ist die einsamste Arbeit. Ich will, dass man ihn sieht.» Also machte ich ein Stück, in dem Johannas Tod zu sehen war, ihre letzten Momente, genauer: ihre letzten drei Minuten.

Als wir in Paris spielten, kam eine Freundin vorbei, um sich das Stück anzusehen. Immer, wenn wir Johannas Tod zeigten, wurde es ganz still im Saal: Hunderte von Menschen und kein Laut. Als ich nach dem Stück meine Freundin fragte, wie es ihr gegangen sei, wie sie den Tod von Johanna erlebt hätte, sagte sie: «Ich weiß es nicht, ich habe die Augen geschlossen. Ich wollte nicht zuschauen.» Ich antwortete ihr, dass ich das nur zu gut verstehen könne, auch ich wollte es mir nicht anschauen zu Beginn.

Was denken Sie? Glauben Sie, dass die Wirklichkeit verschwindet, wenn Sie die Augen schließen? Oder denken Sie vielmehr, dass eine extreme Erfahrung zur Revolte gegen genau diese Wirklichkeit führen kann?

Wie wir wissen, führt zwar nicht jede extreme Erfahrung zu einer Revolution, aber jede Revolution beginnt mit einer extremen Erfahrung. Etwa die Erfahrungen der Schützengräben, des Granaten- und Gaskriegs, des Hungers und schließlich der «Spanischen Grippe», die die «proletarischen» Revolutionen von 1917, 1918 und 1919 vorbereiten – aber auch den Faschismus. Oder die sehr persönliche Erfahrung des jungen Che Guevara, eines Medizinstudenten, eines Bürgersohns, der eine Reise durch Lateinamerika unternimmt und plötzlich mit der extremen Armut der Bevölkerung konfrontiert wird. Frantz Fanon, der Begründer des Postkolonialismus, erfährt als Soldat im Zweiten Weltkrieg und dann als Psychiater in den Kolonien die unendliche seelische und physische Gewalt des institutionellen Rassismus. Oder nehmen wir meine ganz private Erfahrung eines Massakers an Kindern und Frauen, dessen Zeuge ich völlig zufällig im Jahr 2015 im Ostkongo wurde – und die schließlich zum *Kongo Tribunal* führte.

Meine Frage lautet: Wo genau ist dieser Punkt, dieser Umschlagpunkt, an dem Information zum Erlebnis wird, Erlebnis zur Erfahrung (oder zur Widerfahrnis), wo sich das Wissen *über* etwas in ein Wissen *für* etwas verwandelt? Oder einfacher: Wie wird aus Theorie Engagement?

Sicher ist, dass es dazu die Bereitschaft braucht, die Dinge an sich heranzulassen – so nah, dass es auch zu nah sein kann, dass sie in uns eindringen. Dann ereignet sich das, was ich extreme, unhintergehbare, unvergessliche, kurz: traumatische Erfahrung nennen will. Das kann das plötzliche Wiederentdecken einer Kindheitserinnerung sein, das kann die Erfahrung der Liebe oder einer Trennung sein, das kann eine Reise, ein Todesfall, das kann – wie etwa bei mir meistens der Fall – die Erfahrung extremer Schönheit und extremer Gewalt sein.

Aber seien wir genauer. Es ist ja nicht nur die Erfahrung an sich. Ich spreche von jenem Moment, in dem das, was man im klinischen Diskurs kognitive Dissonanz nennt, zu viel wird. In dem der Unterschied zwischen dem, was man erlebt, und dem, wie es beschrieben wird, einfach zu groß wird. Wie gesagt: Die Arbeit am *Kongo Tribunal* begann in dem Moment, als ich ein Massaker miterlebte – es ereignete sich ohne Vorwarnung, einen Tag nachdem ich mit dem damaligen (deutschen, äußerst fähigen) Leiter der kongolesischen UNO-Mission auf einer Pressekonferenz gewesen war, bei der das Ende des Bürgerkriegs im Kongo verkündet wurde.

Der Kongo sei nun eine «Postconflict Zone», hieß es, nur war das dem Krieg egal, und die Massaker gingen weiter. Kognitive Dissonanz: Der Psychiater und Philosoph Frantz Fanon, der Autor von *Die Verdammten dieser Erde*, fragte sich, wie es sein konnte, dass die Französische Revolution, die die Verdammten dieser Erde ja gerade aufrichten wollte, die Knechte zu Herren machen wollte – warum diese Revolution und die Befreiung des weißen, westeuropäischen Bürgertums, die die Erfindung der Nation und die globale Ausbreitung der «wissenschaftlichen» Rassenlehre nach sich zog, nur noch mehr Unterdrückung für die Kolonien gebracht hatte. Eine Unterdrückung, die man wiederum als Zivilisation, Aufklärung und Entwicklung deklarierte. Als Zehnjähriger habe er, so erzählte er es später, «zum ersten Mal begriffen ..., dass man mir einen verfälschten Lauf der Dinge erzählt hat.»[15]

Und so ist es immer: Auf einmal geschieht etwas, was die offizielle Geschichte, die schönen Worte, die uns vor der Wirklichkeit schützen sollen, uns ihr aber eigentlich umso brutaler ausliefern, zerstört. Als ich 2018 in Italien mit den Recherchen zu meinem Jesusfilm *Das Neue Evangelium* begann, habe ich zuerst verschiedene Schauspieler:innen aus den ebenfalls in Matera gedrehten Jesusfilmen *Die Passion Christi* von Mel Gibson und natürlich Pasolinis *Das 1. Evangelium – Matthäus* eingeladen – Maia Morgenstern, die Heilige Maria von Gibson, mit der ich bereits in *Empire* gearbeitet hatte, oder Enrique Irazoqui, der Jesus von Pasolini, der bei mir dann Johannes der Täufer wurde.

Aber als ich in Matera eintraf, entdeckte ich etwas völlig Anderes, Unerwartetes: Matera, gerade zur «Europäischen Kulturhauptstadt» erkoren, war, ironischerweise, muss man fast sagen, von wilden Flüchtlingslagern umgeben. 500 000 Menschen leben dort, vom Staat illegalisiert, von der Mafia auf den Tomaten- und Orangenplantagen ausgebeutet. Ich fragte mich: Wer soll hier, in dieser Situation, den Jesus spielen? Wer seine Apostel:innen?

Bevor ich nach Matera fuhr, kontaktierte ich Yvan Sagnet, ein damals in Italien bereits berühmter kamerunischer Aktivist, der einige Jahre zuvor als Landarbeiter einen Streik gegen die Mafia angeführt hatte. Er sagte mir am Telefon: «Du weißt nicht, wovon du sprichst, bevor du nicht dort warst.» Obwohl ich also schon alles über die Situation in Matera zu wissen meinte, war ich völlig verwirrt, geschockt, erschüttert, als ich dort ankam. Die feuchte Kälte, der Überlebenskampf, die extreme Kriminalität, das Alle-gegen-Alle: die existenzielle Verlassenheit dieser Menschen, die die Politik der EU illegalisiert und die aufgrund der Dubliner Abkommen im jeweiligen Ankunftsland gefangen sind. Insgesamt gibt es drei Millionen Betroffene in Europa: Die Situation, in der diese Menschen leben, ist nicht ernst – sie ist aussichtslos. Oder mit anderen Worten: Sie ist nicht dramatisch, sondern tragisch. Es herrscht nicht Unrecht, sondern Rechtlosigkeit, denn diese Menschen werden nicht einfach schlecht behandelt, sondern sie sind Sklav:innen – so wie die Geflüchteten aller Zeitalter.

Erst aus dieser Erfahrung – die Yvan und die anderen Apostel:innen seit Jahren machen und die ich, damit ich mit ihnen arbeiten konnte, teilen musste, so wie ich in den kommenden Jahren noch vieles mit ihnen teilte –, erst aus dieser extremen Erfahrung konnte eine Drama-

turgie entstehen, eine Adaption der Heilsgeschichte für heute – und schließlich die «Rivolta della Dignità», die Revolte der Würde: der Aufstand gegen das Tragische unserer imperialen Lebensweise selbst.

Yvan Sagnet, unser Jesus, kam ursprünglich als Student nach Italien. «Warum Italien?», fragte ich ihn einmal. «Wegen dem Fussball», antwortete er. Seine ganze Jugend hatte er die italienische Liga verfolgt, und deshalb ging er schließlich – mit einem Stipendium für hochbegabte Student:innen – nach Italien, nach Turin, um Ingenieurswissenschaften zu studieren. Als das Stipendium auslief und er arbeiten musste, um sein Studium fortsetzen zu können, beschloss er, wie viele seiner afrikanischen Kommilition:innen, auf den Tomatenplantagen im Süden einen Job zu suchen. Dort sah er, wie ein Mensch vor seinen Augen in der Hitze zusammenbrach – nach zwölf Stunden Arbeit – und der Aufseher den anderen verbot, ihm zu helfen. Der Mann starb, vor den Augen von Yvan Sagnet – diese Szene steht ziemlich am Anfang von *Das Neue Evangelium*. In diesem Moment beschloss Sagnet, den Generalstreik auszurufen – der erste in der Geschichte der Plantagenarbeit in Italien. Gegen alle Morddrohungen versammelte er um sich eine Gruppe von Menschen – Unteranführer, die die Communitys der Arbeiter:innen aus Rumänien, Nigeria, dem Sudan, dem Kongo und so weiter vertraten.

«Ich hatte zwölf Unteranführer», sagte er mir einmal, als wir anfingen, am *Neuen Evangelium* zu arbeiten – genauso viele wie Jesus hatte, für seine Revolte.

Zweite Seinsweise
Radikale Widersprüchlichkeit

Als ich mich auf die Zürcher Poetikvorlesung vorbereitete, fragte mich jemand: «Was ist eigentlich eine Poetikvorlesung?» Und ich frage Sie: Was ist eine Poetikvorlesung? Was ist eine Poetik? Oder besser eigentlich: Was erwartet man, wenn man zu einem Praktiker wie mir sagt: Mach mal eine Poetikvorlesung?

Ich glaube: Die Poetik ist die Politik der Praxis. Und Politik heißt im Grunde nichts anderes, als das, was man tut, *explizit* zu tun. Das ist der Grund, warum wir, als mein Team und ich begannen, am NTGent zu arbeiten, das «Genter Manifest» veröffentlichten. Damit unsere Regeln nicht implizit sind, nicht etwas, das man erst herausfinden muss. Denn Implizitheit, also das Fehlen bekannter Regeln ist, anders als viele glauben, nicht Höflichkeit oder gar ein Zeichen von Freiheit. Es ist eine Herrschaftsform. Unterdrückung funktioniert nicht, indem man zu den Unterdrückten sagt: Pass auf, das darfst du und das darfst du nicht. Unterdrückung funktioniert, indem man einen gewaltigen Graubereich schafft, damit niemand jemals genau wissen kann, was erlaubt ist und was nicht.

Aber so wie ein Manifest oder eine Politik ohne Praxis keine Poetik ist, sondern bloß Geschwätz, so ist auch das Neue Testament, wie mir ein Theologe sagte, ohne Boden, ohne Zeitlichkeit, ohne Kontext – bloß ein Text: Die Schrift muss sich im Hier und Jetzt realisieren, oder wie Jesus sagt: «Ich bin nicht gekommen, das Recht zu brechen, ich bin gekommen, es zu erfüllen.» Es braucht also sowohl das Gesetz wie die Erfüllung, sowohl die Poetik wie die Tat, oder simpler ausgedrückt: Radikale Erfahrung ohne Praxis wäre nichts weiter als Leidenstourismus.

Yvan Sagnet hätte, wie die Zuschauerin in Paris, die Augen schließen können, als er den Arbeiter sterben sah direkt vor seinen Augen – Millionen von Menschen haben es über die Jahrzehnte genauso gemacht, und ich fürchte, auch ich hätte, aus Angst, aus Verwirrtheit, einfach weitergearbeitet. Hier liegt vielleicht auch der Unterschied zwischen engagierter und reiner Kunst: Die klassisch-avantgardistische extreme Erfahrung – die Erschöpfungsperformances von Jan Fabre, das Präsenz-Sitzen von Marina Abramović und so weiter – ist zwar *extrem*. Aber sie ist nicht, behaupte ich, *radikal*. Wenn Abramović auf ihrem Stuhl sitzt und Sie anschaut. Wenn die Tänzer von Jan Fabre tanzen bis zur Erschöpfung: Im Widerspruch zu was befinden sie sich dann? Welche Wirklichkeit wollen sie erreichen, welche Wirklichkeit wollen sie verändern? Es ist denkbar, dass beispielsweise Ai Weiwei, als Performance, bis zur Erschöpfung auf einer Tomatenplantage arbeitet – aber was wäre die Bedeutung davon?

Die eigentliche Frage ist also: Wie verwandelt man Erfahrung in Widerspruch, oder man könnte auch sagen: Was ist der Unterschied von Gonzo-Journalismus und dem Aktivismus eines Yvan Sagnet? Was ist der Unterschied zwischen Abramović und Jesus, zwischen Jean-Paul Sartre, der in Pariser Cafés von der Gewalt schwärmt, und Frantz Fanon, der sie in die Kolonien trägt? Was ist der Unterschied zwischen jemandem wie mir, der in Zürich eine Vorlesung hält, und jemandem wie Pussy Riot, die für ihre Überzeugungen bereit sind, ins Gefängnis zu gehen? Wo wird aus Verweigerung Revolte, aus der zufälligen Blockade der organisierte Generalstreik? Was ist radikale Widersprüchlichkeit? Wie stellt man einen Antagonismus her an einem Ort, der sich selbst als jenseits aller Antagonismen erklärt?

2013 habe ich in den *Moskauer Prozessen* den Prozess gegen die Aktivistinnen von Pussy Riot noch einmal aufgenommen – ein paar Monate, bevor ich das Format in Zürich in einem Prozess gegen die *Weltwoche* wiederholte. Ich erinnere mich sehr gut an die Performance in der Moskauer Christ-Erlöser-Kathedrale, die Pussy Riot ins Lager bringen sollte. Punk-Auftritte an öffentlichen oder halb öffentlichen Orten waren damals in der Moskauer Szene verbreitet. Kurz zuvor war ich auf einem unangekündigten Punk-Konzert im Museum für Moderne Kunst gewesen, Pussy Riot selbst hatten beispielsweise vorher auch schon auf dem Roten Platz gespielt. Am Abend vor dem Auftritt, der alles verändern würde, saßen wir zu-

sammen, tranken Tee und dachten: Auch dieses Mal wird sich niemand für uns interessieren. Denn wie gesagt, Putins Strategie war die Strategie der Grauzone: Es war völlig unklar, was erlaubt war und was nicht. Zumindest damals konnte ein und dieselbe Aktion einen Kunstpreis oder eben eine Inhaftierung bedeuten.

Worin genau bestand der Auftritt von Pussy Riot in der Erlöserkathedrale in Moskau? Was war seine radikale Widersprüchlichkeit? Wie wurde hier aus einer Grauzone plötzlich ein Bild von der Klarheit des Schwarzen Quadrats von Malewitsch? Der Auftritt war, denke ich, die Politisierung einer scheinbar rein religiösen, eigentlich sentimentalen Frage: Es ging darum zu zeigen, dass in dem Moment, in dem die orthodoxe Kirche mit Putin kollaboriert, indem sie zu seiner Wiederwahl aufruft, die Erlöserkathedrale aufhört, eine orthodoxe Kirche, eben ein heiliger Ort zu sein – und stattdessen ein politischer Ort wird, ein Ort der Macht. Katja sagte das völlig klar in den *Moskauer Prozessen* ein halbes Jahr später – sie war als Einzige nicht ins Straflager deportiert worden, aus verschiedenen Gründen. Im Grunde machten Pussy Riot mit ihrem Auftritt genau das, was Jesus mit seiner berühmten Tempelreinigung machte. «Ihr habt aus meinem Tempel eine Räuberhöhle gemacht», sagt Jesus und vertreibt die Händler von dem Ort, der Gott, nicht dem Gewinn geweiht ist. Genau das Gleiche taten Katja, Mascha und Tanja: «Pussy Riot sind die eigentlichen Gläubigen, sie sind Heilige», sagte deshalb auch ein dissidenter, aber sehr einflussreicher Priester im Zeugenstand der *Moskauer Prozesse*.

Kurzum: Antagonistische Künstler:innen sind Profis darin, Widerspruch, Dissens zu entfalten, wo es scheinbar keinen gibt. Ganz anders als es das postmoderne Vorurteil will, sind engagierte Künstler:innen gerade *nicht* Moralist:innen, maßen sich gerade kein Urteil an, geht es ihnen gerade *nicht* ums stellvertretende Leiden: Es geht darum, zu skandalisieren, was als Normalität behauptet oder hingenommen wird, die herrschende Harmonie zu entlarven als falsche Harmonie der Herrschenden. Als Grauzone, hinter der sich ein absolut klares Schwarz-Weiß-Bild verbirgt: hier die Herrschenden, dort die Beherrschten, hier der Frieden, dort der Krieg. Keine «Grauzone», keine «Postconflict Zone», keine «Grenzen der Kunst», keine «Gefühle der Gläubigen» – sondern eben radikale Widersprüchlichkeit, radikale Wahrheit, radikale Aufdeckung der Verhältnisse.

Womit sich der vorher erwähnte Begriff des Tragischen – im Sinne des Ausgeliefertseins – noch einmal verändert, oder vielmehr: entsubstantialisiert. Denn diese Prozess-Projekte, die *Moskauer Prozesse*, aber auch die *Zürcher Prozesse*, funktionierten gemäß einer sehr einfachen Logik: eine Fundamentalopposition, die normalerweise im medialen Raum verschleiert wird (entweder indem die jeweils andere Seite kriminalisiert oder die fundamentale Differenz konsensuell, also rhetorisch ruhiggestellt wird), wird *ausgestellt*. Nicht intellektuell, sondern gleichsam in Aktion, also inszeniert als Tragödie – weshalb all meine Prozess-Projekte immer fünf Akte haben. Was also entsteht, in den *Moskauer* genauso wie in den *Zürcher Prozessen*, ist ein Live-Archiv der agonalen Gesten einer bestimmten politischen Fundamentaldifferenz.

Was die Urteile angeht, sind sie inhaltlich völlig unwichtig, dramaturgisch aber extrem wichtig (da ja alles, was im Laufe des Prozesses gesagt wird, in Beziehung zum Urteil am Ende steht, dieses beeinflussen soll). Intellektuell sind die Urteile meistens absolut unbefriedigend, vielleicht am meisten beim *Kongo Tribunal*. Es ist wie beim berühmten «MacGuffin» bei Hitchcock: Für sich selbst genommen ist das Urteil, wie die Auflösung in der Tragödie, nichts, substanzlos, aber es treibt die Handlung voran. Im Moment des Urteils findet eine komplette Entdramatisierung statt, die unauflösbar antagonistische Tragödie kommt an ihr Ende – wie in der *Orestie*, in der Athene den Kreislauf der Gewalt und der Rache am Ende mit einer Abstimmung, einem Urteil, beendet.

Nun lautet natürlich die Frage, die sich das politische Theater stellt: Wie zivilisiere ich die Tragödie, ohne sie zum Stillstand zu bringen? Wenn ich mir diese vielleicht etwas basal marxistische Bemerkung erlauben darf, so besteht ja der Irrtum von bürgerlichen Performer:innen – oder einfach von Performer:innen, die einer älteren Generation angehören, wie eben zum Beispiel Marina Abramović oder Jan Fabre – darin, dass sie immer alles *wirklich* tun wollen. Nur eine reale Schnittwunde ist eine *Verletzung*, nur stundenlanges Starren ist *Kontemplation*. Die Kunst ist aber, wie die demokratisch (und nicht charismatisch) verstandene Politik der Ort, an dem die Dinge symbolisch geschehen und *trotzdem* real sind. Das Theater ist der Raum des Trotzdem: Es ist eben *gerade nicht* die Künstlerin, die leidet – sondern die Zuschauerin. Es ist eben *gerade nicht* der Abgeordnete, der Macht hat, sondern es ist seine Wählerschaft.

Und das gilt natürlich auch für Katja Samuzewitsch und ihre beiden Kolleginnen, Mascha und Tanja: Sie sind normale Menschen, wie ich, wie wir alle. Am Abend vor der Performance trank ich Tee mit ihnen, am nächsten Tag waren sie Ikonen auf dem gesamten Planeten, am dritten spielten sie – oder immerhin Katja – bei mir im

Theater mit. Und das ist vielleicht eine Art Lehrsatz: Nur der Kontext, das politische Spannungsfeld machte aus einer Performance eine politische Tat, aus einem Punkkonzert einen Protest gegen eine Diktatur. Wie jede Seinsweise der Revolte ist auch die Seinsweise der radikalen Widersprüchlichkeit eine momenthafte – eine, die einem Menschen, einer Gruppe zukommt zu einem bestimmten historischen Zeitpunkt, eben dem Zeitpunkt der Revolte, des Bruchs. Und dann wieder genommen wird.

Dritte Seinsweise

Ekstatische Praxis

Sowohl Pussy Riot als auch Jesus – und übrigens auch Antigone, auf die ich weiter unten kommen werde – wurden als Terrorist:innen verurteilt. Genauso galten die Résistance-Kämpfer:innen oder Partisan:innen im Zweiten Weltkrieg als Terrorist:innen – die Zivilbevölkerung hasste sie. Sie sahen nicht ihre Opposition zum System, zum Faschismus, sondern die Nachbar:innen, die zusammen mit einer Eisenbahnbrücke in die Luft gesprengt wurden, die Verspätungen, die darauf folgenden Repressionen der Besatzungsmacht. Und natürlich hatten sie recht damit, ebenso wie die Kommentator:innen der Bilderattacken in Amsterdam oder Berlin, die nicht den Angriff auf den Millionenmarkt der Kunst sehen, welcher die Welt zerstört wie alle Industrien – sondern den von Tomatensauce beschädigten Bilderrahmen. Und Antigone, die Résistance-Kämpfer:innen: Sie sind ja tatsächlich Terrorist:innen, weil sie das Machtdispositiv ihrer Zeit auf eine Weise herausforderten, auf dass diese scheinbare Macht des Staates wie das Kleid des Königs im Grimm'schen Märchen verschwand und sich als *Gewalt* materialisieren musste. Denn frei nach Hannah Arendt: Der Staat hat keine Macht, Macht haben nur die

Bürgerinnen und Bürger. Der Staat hat bloß Gewaltmittel, etwa die Polizei oder die Armee.

Wir haben bisher zwei Qualitäten des Tragischen beschrieben: die Qualität der Unausweichlichkeit oder Unlösbarkeit. Und die Qualität der Widersprüchlichkeit oder des Antagonismus, der daraus erwächst. Im Volksmund spricht man von einer «Tragödie», wenn etwas besonders Schlimmes geschieht. In der Theaterliteratur aber spricht man von einer «Tragödie», wenn ein Individuum (oder eine Gruppe) den Göttern, dem herrschenden Recht und der damit verknüpften Moral entgegentritt, wenn ein Mensch seinen Zuständigkeitsbereich also verlässt, wenn er das «Fatum» herausfordert, sich von ihm befreien will. Denn dann zeigen sich die Götter in ihrer seltsamen Menschlichkeit oder der Staat, und zwar als Gewalt, als tödliche Strafe: Als Antigone ihren Bruder, den Staatsfeind, begraben will, verurteilt Kreon sie zum Tode. Die ekstatische (oder staatsrechtlich gesprochen: terroristische) Praxis ist also die reinste tragische Seinsweise: Eine Praxis, die das herrschende Dispositiv zwingt, gleichsam zu erwachen, aus seiner Verborgenheit, aus der Normalität der Macht auszubrechen. Und selbst ekstatisch zu werden, wie ein wildes Tier, wie der sprichwörtliche Leviathan: als Krieg, als Antiterrorgesetz, als Ausnahmezustand.

Liest man das Neue Testament als Soziologe oder Historikerin – interessiert man sich also in atheistischer Lesart für die strategische Verlassenheit von Jesus, nicht seine (ebenfalls strategische) Auferstehung –, dann erkennt man, dass die imperiale Macht immer schon postmodern war: die Priesterschaft, dann Pontius Pilatus, am Ende sogar die Soldaten, sie tun alles, um die Verurteilung von Jesus zu verhindern, die Strafe abzuwenden und dann abzumildern. Das Gleiche übrigens in der *Antigone* des Sophokles: Kreon versucht alles Mögliche, um Antigone, die ihren Bruder begraben will, zu irgendeiner akzeptablen Ersatzhandlung zu treiben, die gerade noch okay wäre. Und er verurteilt sie auch nicht zum Tode, sondern er lässt sie einmauern: Sterben soll sie alleine. Der Staat *will* keine Gewalt anwenden, er will sich nicht *zeigen* – weshalb der sadistische Staat (also der faschistische oder der Gottesstaat) zwar die Wahrheit, aber eben auch die Ausnahme einer jeden Staatsform ist. Ein wichtiges Moment scheint mir dabei: Wahre ekstatische Praxis, die mehr als bloße Sensationshandlung ist, weil sie ein *Außer-sich-Sein* bedeutet (und es auch dem Gegenüber aufzwingt), hüllt sich fast immer in die Aura der Anonymität.

Wir wissen nicht, wer Jesus war, wir wissen nicht, wer Antigone war, Pussy Riot sind ein Kollektiv, und Yvan Sagnet ist kein besonders außergewöhnlicher Mensch. Sein Charakter *ist* seine Tat, die ihm – zumindest stückweise – zufällig widerfuhr, ihm aufgezwungen wurde von biographischen Zufällen: Man würde ihn nicht bemerken, säße er unter uns, so wie es in der Bibel über Jesus selbst heißt. Denn auch das ist, noch einmal, eine Qualität des Tragischen: die Widerfahrnis, das überindividuelle, eben schicksalhafte Eintreten einer Entscheidungssituation, in der sich der Charakter des tragischen Helden entbirgt. Die tragische Heldin Antigone ist nichts jenseits ihrer Tat. Jesus ist ein völlig gemischter Charakter, er wird von seinen Anhänger:innen kritisiert, verleugnet, verraten. Es gibt die verwirrende Szene im Haus von Maria von Bethanien, in der Jesus sich als Narzisst zeigt. Einmal sucht er die Entscheidung, im nächsten Moment versucht er, seinem Schicksal zu entkommen. Sein Charakter ist so unbestimmt, so gemischt, so auf den *Moment* gestellt, dass es gemäß vieler Theologen Judas geben *musste*: um den irrenden, flüchtigen, unentschiedenen Messias festzunageln. Noch einmal: Jesus ist Jesus erst, wie auch Antigone, in Bezug auf seine Tat.

Als ich etwa zehn Jahre alt war, wollte ich nur aus einem Grund Schriftsteller werden: weil mich die Idee, Autor zu werden, Autor zu sein, faszinierte. Weil ich annahm, dass diese Tätigkeit, nämlich das Schreiben, mich in den sicheren Bereich entführen würde, in dem die Bücher zu finden sind: auf ein Bücherregal, von dem mich warme, liebende, bewundernde Hände herunterheben würden. Autor:innen waren für mich Held:innen, so wie es manchmal ihre Figuren sind. Und ich erinnere mich, wie ich Max Frisch zum ersten Mal im Fernsehen sah: Ein klein gewachsener Mann mit riesiger Brille und einem absurden Dialekt. Genauso erging es mir mit Marguerite Duras, mit Patricia Highsmith, mit Friedrich Dürrenmatt: Alles Enttäuschungen, und diese Enttäuschung wiederholte sich in der Folge noch oft, etwa als ich kürzlich ein Bild des von Hannah Arendt in ihrem berühmtem Eichmann-Buch über die Banalität des Bösen erwähnten Anton Schmid sah. Schmid sieht aus wie der klassische Kleinbürger, Schnäuzer, Krawatte und Seitenscheitel. Vor dem Zweiten Weltkrieg war er Installateur und im Krieg dann Feldwebel, hierarchietechnisch eine der tristesten Stellungen im Militär, da weder Soldat noch wirklich Offizier. In dieser Funktion aber rettete Schmid, ekstatisch beseelt, von welchem Geist auch immer, mehr als 300 Jüd:innen das Leben, bevor er dafür hingerichtet wurde. Hannah Arendt schrieb zu ihm: «Die Lehre solcher Geschichten ist einfach, ein jeder kann sie verstehen. Sie lautet, politisch gesprochen, dass unter den Bedingungen des Terrors die meisten sich fügen, *einige aber nicht.*»[16] Mit anderen Worten: Das Gute ist genauso banal wie das Böse.

Womit wir bei Solange Lusiku angekommen sind. Diese Geschichte ist trauriger als die Geschichte von Katja oder Yvan, denn Solange, Chefredakteurin der einzigen unabhängigen Zeitung des Ostkongo – passenderweise *Le Souverain* genannt – ist seit fünf Jahren tot. Im Ostkongo, wo es keine einzige Druckmaschine gibt, bedeutet das Herausgeben einer Zeitung ständige Lebensgefahr. Tatsächlich ist unsicher, woran Solange Lusiku – ein charmanter, aber auch unauffälliger Mensch, Mutter von sieben Kindern – eigentlich gestorben ist. Im Rahmen unseres *Kongo Tribunals* hat sie mehrere investigative

Nummern ihrer Zeitschrift veröffentlicht, eine davon führte zur Entlassung des Gouverneurs, eine andere zur Entlassung von zwei Ministern. Sie war das Gegenteil von dem, was Arendt in Hinblick auf den Schreibtischtäter Eichmann «gedankenlos» nannte: Sie durchdachte alles, bis sie eine für sich richtige Lösung gefunden hatte, und danach handelte sie.

Vielleicht war Solange einfach eine hervorragende Erzählerin: Ihre Erzählung, wie sie mit einem Boot den von Krokodilen verseuchten Grenzsee zwischen dem Kongo und Uganda durchquerte – in der Tasche nur die Daten für die nächste Ausgabe ihrer Zeitung – und wie sie dann auf dem gleichen Weg zurückkehrte, wie eine moderne Gräfin von Monte Christo: Ich sehe sie noch genau vor mir. Ich habe niemals jemanden so sehr bewundert, eigentlich verehrt, wie Solange – eine völlig gewöhnliche Frau, auch sie würde man nicht bemerken, würde sie unter uns sitzen. Ihr Leben zeigt, glaube ich, eine Sache sehr klar: Selbst in einer Situation, in der das Falsche, das Bösartige, das Kapital alles durchdringt, wie leider in den Minengebieten des Ostkongo fast immer, besteht die Möglichkeit, sich handelnd dagegen aufzulehnen.

Denn die Gewalt, von der ich oben sprach, ist nicht tief, vor allem aber ist sie nicht zwingend, sie ist nicht *nötig*, was auch immer behauptet werden mag. Und deshalb kann Unrecht vom Geringsten unter uns negiert werden, wo sie oder er auch immer stehen mag. Das Motto der ekstatischen Seinsweise ist einfach. Es lautet, und damit endet auch das «Manifest der Würde», das ich mit Yvan Sagnet, Carola Rackete, Édouard Louis, Enrique Irazoqui und ein paar weiteren Bekannten und Freundinnen geschrieben habe, um mich gewissermaßen dafür zu entschuldigen, dass ich auf die absurde Idee kam, einen Jesusfilm zu drehen: «Wo Unrecht zu Recht wird, da wird Widerstand zur Pflicht.» Oder noch einmal mit Jesus gesprochen: «Ich bin nicht gekommen, das Recht zu brechen, ich bin gekommen, es zu erfüllen.»

Solange Lusiku war kein Messias, sie war eine Journalistin, die eine Zeitung veröffentlichte, die sie und ihre Mitarbeiter:innen, zu denen für ein paar Monate auch ich gehörte, per Hand in den Millionenstädten des Ostkongo verteilten. Auch Arendts Feldwebel Schmid war kein Held, völlig zufällig fand er sich im Herzen der Finsternis wieder, damals, im Holocaust – und tat, was er tun konnte. «Menschlich gesprochen», so hat Hannah Arendt geschrieben, «ist mehr nicht vonnöten und kann vernünftigerweise mehr nicht verlangt werden, damit dieser Planet ein Ort bleibt, wo Menschen wohnen können.»[17]

Vierte Seinsweise
Konkrete Solidarität

Ich denke, diese Seinsweise leuchtet direkt ein. Sie überschreitet, anders als die bisher besprochenen Seinsweisen, in der arithmetischen Mitte dieses Buches endlich den Bereich des Tragischen: Es beginnt hier eine andere Politik des Praktischen, eine andere Poetik, vielleicht können wir sie die «Real-Poetik» nennen. Denn praktische Solidarität ist eine Solidarität, die wirklich, also *tatsächlich* stattfindet – sie ist die Erfüllung der bisherigen Seinsweisen, sie transzendiert das Tragische und all seine Qualen, Tode, Selbstmorde, Verzweiflungen und sadistischen Botenberichte. Sie ist profan, könnte man sagen: Eine Aktivistin wie Carola Rackete unterscheidet sich von einer beliebigen Person mit guten Absichten schlichtweg dadurch, dass sie *tatsächlich* Menschen rettet. Praktische Solidarität heißt: sich die Tragik einer Situation, sich die tragische Situation von anderen, mit denen uns nichts verbindet, als dass sie auch Menschen sind (oder andere lebende Wesen oder vielleicht ja auch nur Dinge), dass sie *mit uns jetzt hier* sind, auf diesem Planeten – dass wir diese Tragik zu *unserem* Problem machen. Und daraus eine gemeinsame Praxis entfachen.

Wirkliche solidarische Praxis löst die übliche Betroffenheitsökonomie auf, die derart arbeitsteilig und zugleich virtuell organisiert ist, dass niemand mehr daran glaubt, tatsächlich etwas tun zu können. Plötzlich wird das «Ganze» zum Einsatzgebiet aller. Es öffnet sich, hinter der Politik, hinter der Interessenvertretung und der Verwaltung des Alltags, hinter dem Mitleid und der guten postmodernen Repräsentationskritik der Raum des Politischen. Plötzlich scheint die Frage auf, wie man eigentlich leben will. Es ist viel darüber geschrieben worden, was *Das Neue Evangelium* eigentlich ist: ein Jesus- oder ein aktivistischer Film, ein Making-of oder Fiction, Passion oder Perversion. Für mich aber ist das unwichtig, wichtig ist, was sich, während *eine* Wirklichkeit dargestellt wird, an *möglicher, alternativer* Wirklichkeit realisiert: Welche Akte und Projekte realer Solidarität sich ergeben, so beim *Neuen Evangelium* etwa die Vereinigung von italienischen Kleinbäuer:innen und afrikanischen Erntehelfer:innen, also von zwei Gruppen, die systematisch gegeneinander ausgespielt werden.

Kollektiver Widerstand und machtvoller Protest beruhen meines Erachtens auf dieser Einsicht: Alles könnte auch anders sein, denn alles besteht nur in den Relationen, die Menschen und Dinge und Räume zueinander einnehmen. Jederzeit können wir uns zusammenschließen, zu kleineren oder zu größeren Gruppen, zu Gegengesellschaften: Der sogenannte Staat, der nur aus seinen Bürgerinnen und Bürgern besteht, wird, er muss am Ende folgen. Und natürlich wissen wir, dass jede Befreiung wieder ihre neuen Widersprüche, ihre eigene Überformung und Eiszeit, ihre eigene Tragik nach sich zieht – doch dazu später. Denn worum es mir hier geht: Gewaltlosigkeit, also das für die Zivilgesellschaft kennzeichnende Fehlen von Zwangsmitteln, ist nicht Machtlosigkeit. Macht kann an niemanden delegiert werden, schon gar nicht an den Staat. Macht entsteht da, wo sich Menschen zusammentun und gemeinsam handeln. Die Zivilgesellschaft muss sich ihrer Macht nur bewusst werden, sie muss ihre Macht erfahren, indem sie in solidarischen Akten konkret wird. Das ist der Grund, warum ich mit meinen Töchtern auf Demonstrationen gehe: um ihnen zu zeigen, dass es schlichtweg unnötig, ja wahnsinnig wäre, die Macht dem Staat, dem System – oder wie man das auch immer nennen will – zu überlassen. Konkrete Solidarität ist die einzige humane Lebensform.

Fünfte Seinsweise
Reale Utopie

Die fünfte Seinsweise ist die reale Utopie. Hier ist der Zusammenschluss der Wörter «real» und «Utopie» zentral. Also dass etwas wirklich existiert, körperlich, als Praxis – gleichzeitig aber utopisch ist, also vorher *keinen Ort* hatte. Als wir *Das Neue Evangelium* drehten, wussten wir, dass ein «Manifest der Würde» oder eine «Revolte der Würde» diese Macht, von der ich eben gesprochen habe, nur zeigen kann, sie symbolisieren kann. Ein schwarzer Jesus, die Taufe unseres Jesus' durch den Jesus aus Pasolinis Matthäusevangelium – das alles ist vom Standpunkt einer Bildpolitik der konkreten Solidarität sehr wichtig. Aber als wir vor Ort waren, zusammen die Szenen vorbereiteten, die Texte durchgingen, fühlten wir das Bedürfnis nach einer *bleibenden* Realität. Es war dieses Gefühl, das am Anfang allen Neuen steht, dieser transzendente Hunger nach realer Utopie: «Etwas fehlt!» All das, was die Moderne herausgeschnitten hat aus ihrer engen Ordnung der Erzählbarkeit, alles, was im totalen Dispositiv der Postmoderne verschwunden und untergetaucht ist, alles, was dem Kapital nicht nützlich ist: das substantiell Fehlende – dieser Nicht-Ort, an dem man erst glücklich, erst Mensch werden kann.

Und so konnte es geschehen, dass diese unbedeutende, kleine Gruppe von Menschen – am Ende waren es ein paar Hundert –, die *Das Neue Evangelium* auf die Beine stellte, etwas realisieren konnte, was ich eine «Mikroökologie der Würde» nennen will: Ein Verteilsystem für fair produzierte Tomaten, das über 150 Supermärkte in Europa umfasst und inzwischen zur Regularisierung von über 1000 Migranten und Migrantinnen durch Arbeitspapiere geführt hat. Italienische Farmbesitzer:innen, afrikanische Geflüchtete, nordeuropäische Konsument:innen: eine völlig *unwahrscheinliche* Solidarität, in keinem Entwicklungsplan vorgesehen, in jeder Hinsicht unmöglich. Von den Tomaten bis zur Verpackung, von der Erde, in denen diese Tomaten wachsen, bis zu den Betten, in denen die Arbeiter:innen schlafen. Ein lebendiges Kunstwerk des Humanen, ein gewaltiges Theater der Beziehungen, ein Ensemble aus Tausenden von Pflanzen, Menschen, Maschinen – ein Organismus der Würde, so real wie der Kapitalismus selbst.

Noch einmal zur Frage, mit der alles beginnt: Was fehlt? Geben wir, wo immer wir darauf stoßen, diesem Phantomschmerz eine konkrete Gestalt. Fragen wir in unserer Vorstellungskraft nach allem, was diese Lücke, diese Wunde verursacht und was sie schließen kann. Wo, wie, mit wem dieses «Leben in Fülle», wie es im Evangelium heißt, sich realisieren kann. Denn das, glaube ich, tut die Kunst, tut eine Poetik, die sich der Seinsweise realer Utopie verschreibt: das *Fehlende* in all seiner Widersprüchlichkeit zur Erscheinung zu bringen. An einem realen Platz, mit wirklichen Menschen, auf dem Boden dieses Planeten, in historischer Zeit. Und dafür muss jeder von uns seinen eigenen Weg finden, gemeinsam mit anderen. Dafür gibt es keine Vorlesung und keine Poetik.

Die wichtigste Schule für all das ist für mich seit ein paar Jahren die brasilianische Landlosenbewegung. Als ich im Sommer mit ein paar Projekten durch Brasilien tourte – eines, *Die Wiederholung*, wurde in drei Städten verboten –, machte ich die Bekanntschaft des Kulturbeauftragten der Bewegung, dem ehemaligen Dramaturgen von Augusto Boal. Die Landlosenbewegung ist ein Zusammenschluss von Hunderttausenden von Familien, von sogenannten Landlosen, die bei der Landreform übergangen wurden, und zwar einfach deshalb, weil jene nie umgesetzt wurde. Die brasilianischen Landverhältnisse gehen mehr oder weniger direkt auf die Landnahme bei der Kolonisierung zurück. Gemäß der brasilianischen Verfassung haben alle Bürger:innen des Landes das Recht, Land, das unrechtmäßig oder unproduktiv im Besitz seines Eigentümers ist, zu besetzen und zu nutzen.

Die Landlosenbewegung *Movimento dos Sem Terra*, kurz MST, folgt so, auf ihre sehr konkrete Weise, dem Satz aus der Bibel, den ich schon zweimal zitiert habe und der wohl der Satz des Buches ist: «Ich bin nicht gekommen, das Recht zu brechen, ich bin gekommen, es zu erfüllen.» MST besetzt aber nicht nur (gewaltlos) Land:

Die Menschen bewirtschaften es nachhaltig, gründen Schulen, Kirchen, Chöre, Vertriebssysteme, Anwaltsvereinigungen; Abordnungen des MST touren durch Europa und die Amerikas – vor allem aber realisiert der MST auf Hunderten von Camps in ganz Brasilien die Utopie der Pariser Kommune, und zwar nach den Maßstäben des 21. Jahrhunderts, also indem Identitätspolitik und klassische marxistische Verteilungsgerechtigkeit, die Logik der Massenbewegung mit den jeweiligen örtlichen Gegebenheiten zusammenkommt.

Auf dem Bild sehen Sie eine typische Konstellation aus Menschen für ein realutopisches Projekt, es ist ein Teil des Casts von *Antigone im Amazonas*, das wir im Frühjahr 2023 auf der besetzten Transamazônica – der Straße, die durch den Urwald führt – aufgeführt haben, als Kooperation zwischen dem MST und dem NTGent: ganz links eine Aktivistin, Gracinha Donato, die auf einem der früheren Quilombos aufgewachsen ist – den Siedlungen, die entflohene Sklav:innen gründeten im 18. und 19. Jahrhundert. Hinter ihr eine klassische Schauspielerin, eine ehemalige Mitarbeiterin von Augusto Boal (der den Theaterbereich von MST gründete), daneben Kay Sara, indigene Aktivistin, und schließlich Arne de Tremerie, Teil des Genter Ensembles, der unter anderem Édouard Louis' Double in *The Interrogation* spielt. Eine Gruppe von Menschen, die nur der Aktivismus, nur die Kunst zusammenführen kann, denke ich.

Ich erinnere mich, als wir kurz vor Corona anfingen zu proben für *Antigone im Amazonas*, das war im Februar 2020. MST ist in Brasilien der Verleiher meines Films *Das Neue Evangelium*, sie veranstalten eines der größten Filmfestivals und betreiben einen der größten und wichtigsten TV-Sender Lateinamerikas, weshalb dort sehr viele Menschen den Film gesehen haben. Es gibt übrigens auch ein Lehrbuch des MST, das *Occupy the Bible* heißt, man soll also die «Bibel besetzen», sie sich wiederaneignen – als das sozialrevolutionäre Buch, das sie ist. Denn das einzige Problem der Bibel ist ja, dass die Kirche es sich einst aneignete. Auch unsere brasilianische *Antigone* ist eine Wiederaneignung: komplett umgeschrieben durch die Aktivist:innen, mit einem Chor von Überlebenden eines Massakers der Militärpolizei, uraufgeführt auf der für diesen Zweck gesperrten Straße durch den Urwald, genau dort, wo das Verbrechen stattfand.[18]

Doch die Vielgestaltigkeit des MST, dieser Schule für praktische Solidarität und reale Utopie, geht noch viel weiter. In einem Doppelinterview mit dem *Tagesanzeiger*, das ich gemeinsam mit der Leiterin der Fraktion der SVP im Gemeinderat Zürich über die sogenannte *wokeness* am Zürcher Schauspielhaus führte, beschwerte sich diese darüber, dass an den Kindergärten in der Schweiz Trans-Veranstaltungen gemacht würden.[19] Dazu kann ich nur sagen: Kommt mit mir in den Amazonas. An den Schulen des MST lernt man morgens indigene Kosmologie, nachmittags Ingenieurswissenschaften und Englisch, abends verwandeln sich die ernsten Professor:innen, die mich alle an Martin Luther King erinnerten, in Schamanen und geschminkte, geschlechtlose Waldgeister … ein Alltag, als wäre er dem *Blutbuch* von Kim de l'Horizon entnommen. Eine Freiheit des Lebens und der Seele herrscht auf diesen Plantagen, ein Neubeginn in den Lücken und jenseits unserer totalen Gegenwart, von der wir nur träumen, nur lernen können.

Es ist, wie unsere Antigone Kay Sara in ihrer Rede zur Eröffnung der Wiener Festwochen 2020 sagte, die Zeit gekommen zuzuhören. Denn die geistige Erneuerung wird nicht aus jenen Gated Communitys kommen, in denen der Neoliberalismus entstanden ist. Er wird nicht auf unseren Probebühnen entstehen, nicht in unseren Diskussionsgruppen, nicht im Zürcher Literaturhaus, nicht in den Think Tanks der westlichen Eliten. Die Philosophie der kommenden Zeit wird aus den Wäldern kommen, aus den Favelas und den Banlieues, den Flüchtlingslagern, aus den besetzten Straßen, Häusern und Monokulturen. Wir Künstler:innen müssen nichts anderes tun, als dorthin zu gehen, zuzuhören, neue Solidaritäten zu schaffen. Denn für den, der zu träumen wagt, ist alles möglich. Die totale Gegenwart lässt immer eine Lücke, in die wir hineinkriechen können, die sich zur Welt auffaltet, wir müssen sie nur finden. Jean Ziegler hat dazu einmal den amerikanischen Dichter Walt Whitman zitiert: «Er erwachte in der Morgendämmerung und ging auf die aufgehende Sonne zu – hinkend.»[20]

EPILOG
ICH SCHAU DICH AN

«Glauben Sie, dass wir jetzt zum Ende kommen?»
«Glauben Sie, dass das Ende jemals kommt?»

Dieser Teil begann mit einem Prolog, in dem es um *The Interrogation* ging, das Stück, das ich mit Édouard Louis geschrieben und inszeniert habe. Édouard ist in den letzten Jahren zu einem meiner besten Freunde geworden. Wie bei vielen Freundschaften – etwa die zu Rolf Bossart, zu Yvan Sagnet, zu Kay Sara oder, nehmen wir ein Zürcher Beispiel, zu Maya Alban-Zapata, die in meinem *Wilhelm Tell* mitspielt – weiß keiner von uns, wie, nein: *warum* sie begonnen hat. Freundschaften sind etwas Atmosphärisches, eine existenzielle Anrufung, nichts, was man gesucht hat, sondern etwas, das einem widerfährt. Und das ist die letzte Methode, die letzte poetologische Bemerkung, die ich heute machen will – sie stammt von Rolf Bossart. Die US-amerikanische Universität Yale veröffentlichte 2021 einen wissenschaftlichen Sammelband über meine Arbeit mit dem NTGent und dem IIPM (International Institute of Political Murder), einen sehr schönen, leider auch manchmal etwas kritischen Band, und als Epilog waren Statements meiner Mitarbeiter:innen aus Europa, Afrika, Lateinamerika und Asien abgedruckt.[21] Rolf Bossart schrieb, zu meiner Poetik befragt: «Milos Methode ist die Freundschaft.» Und vielleicht ist das die größte Obsession, die ich habe, vielleicht ist das die heimliche Absicht, nein, die offenbare Gestalt meiner Arbeit: die Freundschaft. Nicht die Liebe, denn die Liebe ist etwas Anderes, etwas Unfreieres, Abhängigeres, eine andere, engere Zärtlichkeit. Liebe ist, was auch immer die Hippies behaupten, Besitz.

Lassen Sie mich erklären. Als ich an unserer *Antigone* zu arbeiten begann, auf einer der ältesten Besetzungen der Landlosenbewegung, war dort gerade eine interessante Debatte im Gange. Auf einigen der Grundstücke lebten die Familien in der zweiten, auf anderen schon in der dritten Generation, seit vierzig Jahren. Privatbesitz ist, aus verständlichen Gründen, beim MST ein Tabu, aber hier war die Frage aufgekommen: Was machen wir mit einem Haus, das seit drei Generationen von einer Familie ausgebaut wird – einem Landstück, das seit drei Generationen von einer Familie bewirtschaftet wird? Aus Freundschaft zu einem Stück Land, zu einem Ort, war, nun ja, Liebe geworden. Aus Besucher:innen, aus Gäst:innen – Besitzer:innen.

Sie sehen es: Man kommt nie an ein Ende. Wenn ein Zyklus beendet ist, beginnt der nächste. In Solidarität mischt sich Eigensinn, in Liebe Narzissmus, in Gegenwärtigkeit Entfremdung – und schon entgleitet uns unsere Geschichte, schon beginnt wieder eine neue, in der wir unseren Platz neu suchen müssen. Schon stecken wir wieder fest in dem, was ich die totale Gegenwart genannt habe, das Fatum, das stählerne Schicksal unserer Zeit. Schon werden wir wieder missgünstig, aus Solidarität wird Misstrauen, unsere Projekte zerfallen im Minimaldissens. Und deshalb gibt es noch eine letzte Strategie, eine sehr einfache und simple Strategie, die ich hier noch teilen will. Man könnte sie die «Seinsweise des Einhaltens» nennen. Ich denke, jede und jeder kennt sie: der Versuch der absoluten *Anwesenheit* im Jetzt, eine absolute Fülle von Wahrnehmung und Existenz und zugleich eine absolute Entleerung von allem Denken *an etwas*. Diese Seinsweise ist vielleicht das, was Bruno Latour mit seiner Definition des Begriffs *atterrir*[22] meinte: in seiner eigenen Zeitlichkeit ankommen, seiner Verletzlichkeit, seiner Melancholie.

Das Stück *The Interrogation* endet mit einer solchen Szene aus einem Buch von Anne Carson. Denn Carson ist nicht nur meine, sondern durch eine Koinzidenz auch Édouards Lieblingsdichterin. Es ist die allerletzte Szene des Stücks, das *Ende*, und Édouard sagt (und später dann Arne de Tremerie – unser gemeinsamer Freund, der die Rolle von Édouard übernahm, als er selbst sie nicht mehr spielen wollte, da sie ihn zu traurig machte), das Übersetzungsprogramm DeepL hat es für mich übersetzt, da wir das Stück noch nicht auf Deutsch gespielt haben:

Es gibt eine Szene in einem Buch von Anne Carson. In dieser Szene beschreibt Anne eine Schmiede, eine Stahlschmelze. Sie schreibt, wie sie eine Straße entlanggeht und auf eine Schmiede stößt, eine Stahlschmelze – das Symbol des 20. Jahrhunderts, das Symbol der Arbeiterklasse, nicht wahr? Metall in flüssigem Zustand, wie in der Fabrik, in der mein Vater arbeitete, bevor sie verschwand, so wie fast alle Fabriken in der Gegend um Hallencourt verschwanden, im Norden Frankreichs, wo ich aufgewachsen bin. Anne Carson sieht also diese Stahlschmelze – durch eines dieser Fenster, dieser großen Fenster, die so typisch für diese Art von Fabriken sind und fast so aussehen wie die Fenster von Kirchen. Sie sagt: Der Blick ins Feuer ist mit nichts zu vergleichen. Und sie kann nicht aufhören, es zu betrachten.

«Der Blick ins Feuer ist mit nichts zu vergleichen.» Sie erinnern sich vielleicht an die Besucherin in Paris, die sich weigerte, ein Video zu betrachten, die die Augen schloss, als wir den Tod eines Menschen – meiner Freundin Johanna – in dem Stück *Grief & Beauty* zeigten. Johanna wollte, dass wir diesen, ihren Tod zeigten. Und wie in einem Akt kathartischer Solidarität wollte sie, dass es angeschaut, betrachtet würde. Dass ihrem Tod der Schrecken genommen würde: die Vereinzelung, diese schreckliche Größe, dieses Heldentum, aber auch diese Zerstörung, diese Erniedrigung und diese Angst, die uns allen aus unserem Ende erwächst.

2020 sollte ich in Salzburg den *Jedermann* von Hugo von Hofmannsthal inszenieren, das Sterben des reichen Mannes. Es ist ein grässliches Stück – ich inszenierte schließlich etwas völlig anderes, zusammen mit Ursina Lardi, das wir *Everywoman*, Jedefrau, nannten – aber ich fand zwei schöne Sätze bei Hofmannsthal, einer lautete:

«Des geistlichen Auges sind sie erblindet».

Hofmannsthal lässt das, glaube ich, Gott sagen, über die Menschheit. Noch schöner ist aber der zweite Satz. Hofmannsthal lässt ihn den Glauben sagen, als Jedermann schließlich, nach allen Ausflüchten, sterben muss. Als er im Grab liegt, heißt es:

«Ich steh dir nah und seh dich an.»

Und vielleicht ist das der Urgrund einer jeden Poetik: dass jemand etwas erleidet, und jemand anderes bei diesem Menschen ist – ihn anschaut, damit er nicht allein ist. Vielleicht ist das die erste und einzige Theaterszene: dass es nichts gibt, was wir nicht teilen können.

DIE RÜCKEROBERUNG DER ZUKUNFT.
ODER DER KOMMENDE AUFSTAND

PROLOG
WARUM KUNST?

A ls ich anfing, mir Notizen für die Zürcher Poetikvorlesung zu machen – denn ich bin leider unfähig, «einsam» zu denken, das heißt, ohne die Sogkraft
eines direkt bevorstehenden Events –, geriet ich zufällig
in eine Diskussion mit Patricia Danzi in Basel. Patricia
ist Direktorin der DEZA, der Direktion für Entwicklung
und Zusammenarbeit der Schweiz. Es wird deshalb nicht
überraschen, dass Patricia und ich an diesem Abend mit
weiteren Gäst:innen über Sinn und Unsinn der Entwicklungszusammenarbeit diskutierten.

Wie bekannt, ist die Idee der Entwicklungszusammenarbeit im Kern kolonial. Zum einen: Hätte es keine
Kolonien gegeben, die ausgebeutet wurden, so würde
heute die Notwendigkeit, diese ehemaligen Kolonien
zu «entwickeln», nicht bestehen. Patricia Danzi, deren
Großvater in einem neokolonialen Vernichtungskrieg –
nämlich dem Biafra-Krieg, in dem es um die Herrschaft

über die nigerianischen Ölquellen ging – ums Leben kam, weiß das besser als jede:r andere. Zum anderen ist Entwicklungszusammenarbeit oft oder vermutlich meistens nichts weiter als der kleine, gutmütige Bruder neokolonialer Ausbeutung. Wie durch Zufall erhalten die Länder am meisten Hilfszahlungen, die über strategisch wichtige Rohstoffe, eine geopolitisch bedeutsame Lage oder schlichtweg eine gemeinsame Geschichte mit dem Geberland verfügen. «Gemeinsame Geschichte» bedeutet, wie immer, wenn der Globale Süden in Kontakt mit dem sogenannten Westen kam: extremste Gewalt. So kommt es, dass nicht nur der Genozid an den Tutsi in Ruanda 1994, sondern auch der Einmarsch der schließlich siegreichen Armee des heutigen ruandischen Präsidenten Kagame im Ostkongo, der den blutigsten Bürgerkrieg aller Zeiten auslöste, von Schweizer Entwicklungsgeldern finanziert war.

All dieser Widersprüche – begonnen natürlich mit dem Paternalismus der Idee der «Entwicklung» überhaupt, denn es setzt voraus, dass jemand unterentwickelt ist und dass «Entwicklung» an sich etwas Erstrebenswertes ist – ist sich Patricia Danzi bewusst. Deshalb hoffe ich, dass sie ihren Job, der zweifellos einer der schwierigsten ist, nie an den Nagel hängen wird. Patricia also fragte mich, als wir vor der Debatte hinter der Bühne saßen: «Warum hältst du deine Poetikvorlesungen im Theater, warum im Kunsthaus?» Ihre eigentliche Frage, die sie aber aus Höflichkeit nicht stellte, lautete: Warum sprichst du über Kunst und nicht über etwas Ernsthafteres? Das ist eine gute Frage. Wenn es einen Ort gibt, der von der Boshaftigkeit der Welt unangetastet scheint, dann doch die Kunst, nicht wahr? Na ja, vielleicht nicht die Kunst insgesamt: Es mag in den Ateliers übergriffig und toxisch zugehen, auch auf den Vernissagen und den Partys danach – wie wir spätestens seit der Affäre um den Galeristen Johann König wissen. Aber in der Stille des White Cube herrschen, so darf man doch annehmen, Würde und Interessenlosigkeit. Oder denken Sie nicht?

Nehmen wir das Zürcher Kunsthaus als Beispiel. Ein paar Monate vor der Poetikvorlesung waren ich und mein Team dort einige Male zu Besuch, aufgrund einer Performance mit der ehemaligen Bührle-Zwangsarbeiterin Irma Frei – Bührle war ein Waffenhändler, der schlichtweg sämtliche Diktaturen mit Waffen belieferte, von Hitler bis zum südafrikanischen Apartheid-Regime, ein klassischer Schweizer Bösewicht. Irma trug dabei einen Stein durch die Ausstellung, die seinen Namen trägt, an den Bildern von van Gogh, Monet und so weiter vorbei. Das Bild dieser Performance wiederum verkauften wir, zwei Mal unterschiedlich übermalt von unserer Freundin, der großartigen Malerin Miriam Cahn, als NFTs im Internet. Mit dem Erlös unterstützten wir die Anerkennung der ehemaligen Zwangsarbeiter:innen, aber auch die der ehemaligen Besitzer:innen der Nazi-Raubkunst, die nach wie vor im Anbau hängt.

Als ich und Irma im Vorfeld der Stein-Aktion eine pri-

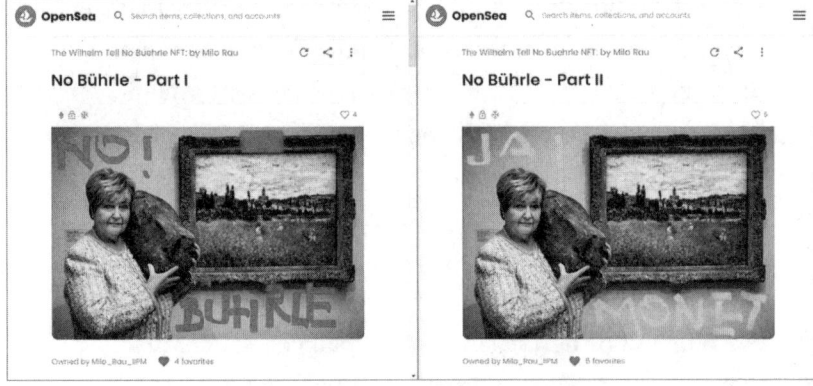

vate Führung erhielten, sagte die Wärterin, auf eines der Bilder zeigend: «Das hier hing in Goebbels' Arbeitszimmer.» Man muss sich das auf der Zunge zergehen lassen: Mit Zwangsarbeit und Waffenhandel verdientes Geld wird reinvestiert, um von den Nazis Raubkunst abzukaufen, welche vorher ihren jüdischen Besitzer:innen, die ins Exil gezwungen wurden, zu absurd niedrigen Preisen abgenommen worden war. Das Schauspielhaus immerhin scheute dann keine Kosten, um aus Deutschland einen auf Blutgeld und Raubkunst spezialisierten Schamanen herbeizurufen – denn die Kultur-Institutionen müssen einander unterstützen. Und so konnten wir am 20. April 2022, Hitlers 133. Geburtstag, das Kunsthaus spirituell reinigen.

Seit Hitlers Geburtstag sind die Dinge in Bewegung geraten: Zürich, das damals mit Bührle kollaborierte und ihm «gefallene Mädchen» in seine Fabriken schickte, hat die ehemaligen Zwangsarbeiter:innen entschädigt. Die Kritik an der Bührle-Ausstellung und an der Politik des Zürcher Stadtrates war so umfassend – dank dem Historiker Erich Keller, der *Wochenzeitung*, der *Republik* und vielen anderen –, dass heute, neben der Entschädigung, eine umfassende Aufklärung stattfindet.

Metaphorisch könnte man sagen, dass das Kunsthaus ein Gefängnis ist. Denn es verhält sich so, wie die Angehörigen der Letzten Generation es sagten, als sie Tomatensuppe auf ein Bild von van Gogh warfen: Aktionen in Kunsthäusern gehen nicht gegen die Kunst, sondern gegen die Institutionen. Es geht gegen ein System, das van Gogh und Monet als Geiseln genommen hat. Van Goghs *Sonnenblumen*, die *Seerosen* von Monet, sind in diesen Häusern Gefangene. Unserer Kunsthäuser müssen sich grundsätzlich ändern, um wieder Häuser zu werden *für* die Kunst.

Denn noch einmal: Woher kommen die Bilder in der Bührle-Ausstellung? Wie funktioniert das System Bührle? Man liefert den Nazis Waffen, die damit den Mord an den europäischen Juden organisieren, und mit dem Geld kauft man sich die Kunst, die den Juden von den Nazis abgeknöpft wurde. Und weil ein van Gogh eben, auch wenn er in den dreißiger Jahren von den bedrängten Besitzer:innen zum Niedrigstpreis verkauft werden muss, so verdammt teuer ist, lässt man noch ein paar Tausend junge Frauen Zwangsarbeit leisten in Textilfabriken in Toggenburg, Kanton St. Gallen, wo ich herkomme. Und zwar nicht nur zur Nazi-Zeit, in der Zwangsarbeit ja fast eine lässliche Sünde war, sogar wenn es sich bei den Geknechteten nicht wie heute um geflüchtete Afrikaner:innen, sondern um Europäer:innen handelte – also nicht in den düsteren Vierzigern, sondern Mitte der sechziger Jahre, während die Beatles Konzerte gaben und Susan Sontag ihre Essays veröffentlichte. Man begeht also schlichtweg *alle* Verbrechen, die es überhaupt gibt. Und finanziert damit eine Kunstausstellung mit Werken, die man den Ermordeten entrissen hat.

Das ist so krass, dass man eigentlich annehmen müsste, krasser geht es nicht. Und sich natürlich auch denkt: Immer dieser Fokus auf die düstere Vergangenheit, was ist denn mit Milo Rau los, warum schon wieder dieses Schweiz-Bashing? Schauen Sie sich die Bilder von Miriam Cahn an: Man kann ja hinter der Zwangsarbeiterin Irma Frei und der Übermalung von Miriam Cahn den Monet fast nicht mehr sehen – dann doch lieber die Tomatensuppe, da sieht man immerhin noch was. Und vor allem: Warum schon wieder der alte Bührle? Wo der Titel dieses Teils doch «Die Rückeroberung der Zukunft» heißt.

SIEBEN GESETZE
FÜR DEN KOMMENDEN
AUFSTAND

Ich will also aufhören, von Bührle zu sprechen, und Ihnen (um ebendas, was ich oben Real-Poetik nannte: eine Poetik, die in die Gegenwart eingreift, die vergangenes Unrecht aufnimmt, um andere Handlungsmöglichkeiten für die Zukunft zu eröffnen) eine aktuelle Aktion vorstellen: der Fall der Mumie «Schepenese», die im 19. Jahrhundert aus ihrem Grab geraubt wurde, auf verwickelten Wegen in die Schweiz gelangte und heute in der St. Galler Stiftsbibliothek, mitten im heiligen Stiftsbezirk, nackt ausgewickelt in einem Glassarg für 18 Franken pro Person zu besichtigen ist. In meiner Heimatstadt St. Gallen, die mir den Großen St. Galler Kulturpreis verliehen hat.

Sie erinnern sich an die Triggerwarnung: Hier taucht gleich ein Bild der Schepenese auf. Und ganz allgemein: Es tut mir leid, dass unter dem Titel «Die Rückeroberung der Zukunft» von einer gestohlenen und geschändeten Leiche die Rede ist. Im zweiten Teil ging es unter dem Titel «Lob des Extremismus» genau darum, um die Dialektik «extremer Erfahrung». Wie kann das, was man eigentlich immer schon wusste, aber bloße Information geblieben ist, zu einem emotional und intellektuell wirksamen Widerspruch werden? Wie kann aus der moralischen Kritik bestehender Zustände eine reale Praxis entstehen? Wie kann man schließlich, indem man eine Sache benennt und durch die Benennung Antagonismen schafft, einen politischen Raum schaffen, in dem plötzlich verhandelbar wird, was bisher bloß eine Frage der Verwaltung schien? Wie funktioniert praktische Solidarität, die das überwindet, was man falsche (also spaltende) Antagonismen nennen könnte? Im Fall des *Neuen Evangeliums*, im Fall der italienischen Landwirtschaft, war der *falsche* Antagonismus der zwischen schwarzen und weißen Landarbeiter:innen, zwischen Migrant:innen und Kleinbäuer:innen. Er überdeckte den *wahren* Antagonismus, nämlich den zwischen den Produzent:innen und den großen Supermarktketten wie Lidl, Rewe, Spar oder auch Migros und ihrer inhumanen Preispolitik. Praktische Solidarität heißt nun, den *wahren* Antagonismus aufzudecken. Und ihn zu verändern.

Aber eins nach dem anderen. Denn dieser dritte Teil ist den Organisationsformen gewidmet. Es geht darum, wie man Erfahrungsweisen in Handlungsweisen umsetzen kann, um das voranzutreiben, was ich «reale

Utopien» nannte. Die Leitfrage lautet daher: Wie kommt es zu einer Revolte? Wie kommt es zu einer Veränderung der Zustände? Oder anders gefragt: Wie wird eine Bewegung erfolgreich? Wiederum werde ich von meinen eigenen Erfahrungen sprechen, diesmal anhand politischer Projekte: der *City of Change*, der *General Assembly*, dem *Kongo Tribunal*, den *Moskauer Prozessen* oder eben dem *Neuen Evangelium*. Vor allem aber möchte ich vom Projekt *Lasst Schepenese heimkehren!* sprechen. Es ist ein kleiner, ein feiner, aber vielleicht ja ein wichtiger Aufstand, der genau zu dem Zeitpunkt startete, als ich die dritte Poetikvorlesung hielt.

Die Fakten sind, wie bei Bührle, so krass wie einfach: Zu Beginn des 19. Jahrhunderts wird Ägypten, das zu diesem Zeitpunkt unter der Herrschaft des Osmanischen Reichs im Allgemeinen, und unter der des albanischstämmigen Gouverneurs Muhammad Ali Pascha im Speziellen steht, zu den Jagdgründen europäischer Schatzsucher. Man spricht von der sogenannten Ägyptomanie, ausgelöst von Napoleons Ägypten-Expedition und der späteren englischen Besatzung. Die Ägyptomanie war eine besonders makabre Form des Status-Konsums: So wie man heute einen Banksy-Druck über dem Sofa hängen oder einen Eames Chair im Büro stehen hat, so gehörte es im 19. Jahrhundert zum guten Ton, ägyptisches Raubgut oder eine Mumie zu besitzen.

So kam Schepenese, eine Priestertochter aus dem 8. Jahrhundert vor Christus, nach Europa – der Leichnam

ihres Vaters befindet sich übrigens heute im Besitz der Staatlichen Museen von Berlin. Anonyme Grabräuber hatten Schepenese ihrem Grab entrissen, ein französischer Geschäftsmann kaufte sie und schenkte sie 1820 einem St. Galler Freund, der sie wiederum der Stiftsbibliothek verkaufte. Übrigens ein passender Ort: Bibliotheken waren – dafür ist etwa der Leiter der St. Galler Stiftsbibliothek, Cornel Dora, ein Spezialist – das ganze Mittelalter hindurch sogenannte «Wunderkammern», Vorläufer der Museen, also Kuriositäten-Archive, die öffentlich zugänglich waren. Orte, an denen als exotisch angesehene Gegenstände – ausgestopfte Tiere, Ritualgegenstände und eben auch Mumien – ausgestellt wurden.

Kurzum: Für die europäischen Armeen war die Würde oder das Seelenheil einer altägyptischen Priesterin etwa so nebensächlich wie das Schicksal der schwarzafrikanischen Sklav:innen, die damals – als Schepenese als «erste ägyptische Bestattung» nach St. Gallen und schließlich als «Hauptattraktion» (beide Zitate habe ich auf Wikipedia gefunden) in die Stiftsbibliothek gelangte – zu Millionen in die europäischen Kolonien und nach Nordamerika verschifft wurden. Und so kommt es, dass neben dem ältesten deutschsprachigen Bibelkommentar – der nebenbei bemerkt, bereits im Jahr 1000 verfasst wurde, und zwar von dem St. Galler Mönch Notker, über 500 Jahre vor Luther – in der St. Galler Stiftsbibliothek eine geraubte und ausgewickelte Frauenleiche bestaunt werden kann, für 18 Franken Eintritt.

So weit, in aller Kürze, die Fakten. Womit wir zur Methodik kommen. Im ersten Teil habe ich die Gegenwart kritisiert. Im zweiten habe ich versucht, eine Geschichte der Revolte zu erzählen, um wieder ins utopische Denken zu kommen. Jetzt aber will ich eine der Student:innen des Begleitseminars zu der Poetikvorlesung zitieren, die mich fragte: «Was bringt diese Vorlesung eigentlich konkret?» Oder wie Patricia Danzi implizit fragte: Warum sprichst du über Theater, über Kunst? Oder noch einfacher: Warum tust du nichts? Ich dachte mir also, ich muss die Poetikvorlesung mit einer Kunstaktion beenden, die all das zum Ausdruck bringt, was ich unter Globalem Realismus verstehe. Eine Aktion, die die Komplexität globaler

Zuständе – heute, aber auch in der Tiefe der Zeit – zum Ausdruck bringt. Denn Schepenese ist vieles: eine Mumie, die Leiche einer Frau, koloniales Raubgut, eine Schweizer Touristenattraktion. Schepenese ist eine Situation.

Erstes Gesetz

Komplexität aushalten

Womit man sich auch immer beschäftigt, und darüber sprach ich ja im ersten Teil: Es wird komplizierter, je mehr man darüber weiß. Cornel Dora, der über die *Lasst Schepenese heimkehren!*-Aktion intellektuell und moralisch natürlich hocherfreut ist, steht ihr als Leiter der Stiftsbibliothek und als Ägyptologe zugleich kritisch gegenüber. Und nicht nur, weil die Stiftsbibliothek mit der Mumie jedes Jahr Millionen verdient. Sondern, wie immer in solchen Fällen: Streng juristisch steht St. Gallen bei diesem Grabraub korrekt da. Der Ankauf war legal, auch wenn es der Grabraub natürlich nicht war. Die Grabräuber waren keine Europäer, Ägypten stand zu jenem Zeitpunkt nicht einmal unter europäischer Herrschaft. Die Situation gleicht also der Situation der van Goghs und Monets in der Sammlung Bührle: Die Verbrecher waren keine Schweizer:innen, sondern Nazis. Wir Schweizer:innen profitierten nur davon. Zudem ist St. Gallen öfter selbst zum Opfer von Räubern geworden. Berühmt ist der Globus, den eine Zürcher Armee zu Beginn des 18. Jahrhunderts aus St. Gallen raubte und der bis heute, wie zum Hohn, im Zürcher Landesmuseum steht. Und schließlich ist Schepenese eben nur ein Fall unter Tausenden. Wie gesagt: Die Leiche ihres Vaters lagert in Berlin, ebenfalls nicht unter sehr würdigen Umständen.

Was die ägyptischen Museen selbst angeht, so ist es um diese keineswegs besser bestellt. Vielleicht kennen Sie das Kapitel aus dem *Buch Franza* von Ingeborg Bachmann, in dem die Hauptfigur beim Besuch des Ägyptischen Museums mit seinen ausgewickelten, schwarzen Leichnamen, nun ja, kotzen muss.[23] Zudem ist Ägypten eine Militärdiktatur. Man kennt das übliche Argument kolonialer Kunstdiebe: «Ich gebe dir dein Auto zurück. Aber erst, wenn du eine schön demokratische, belüftete Garage gebaut hast.» Die Frage, ob Sklaverei, der Raub von Kulturgütern, die zahllosen Genozide in den Kolonien durch die europäischen oder muslimischen Besatzungsmächte in den afrikanischen Staaten Verbrechen waren oder nicht, sind unterdessen von der Wissenschaft und auch von der Öffentlichkeit klar beantwortet worden: Ja, es waren und es sind Verbrechen. Aber die eigentliche Frage, nämlich «Was folgt heute daraus?», ist höchst umstritten. Beziehungsweise lautet die Antwort darauf: «Es ist kompliziert.»

Zum einen, weil die Beziehung der Nachfolgestaaten zu den ehemaligen Kolonien oft genauso uneindeutig ist, wie es die Beziehungen der einstigen Täter:innen zum heutigen Deutschland, Frankreich, Belgien oder der Schweiz sind. Zum anderen, weil die verübten Verbrechen damals, als sie geschahen, legal waren, sowohl im

Land selbst wie in den jeweils in die Verbrechen verwickelten europäischen Nationen. Nehmen wir das höchste und strengste Tabu aller Zivilisationen seit Anbeginn der Menschheit: den Grabraub. Die ägyptischen Mumien, die heute über die ganze Welt verteilt sind – Individuen, Menschen wie Sie und ich, wurden zwar von Unbekannten illegal aus ihren Gräbern geraubt. Dann aber, wie es damals, als auch mit Sklaven und Frauen gehandelt wurde, die ebenfalls geraubt worden waren, üblich war, auf Märkten zum Kauf angeboten. Eine aus ihrem Grab gestohlene Leiche, ein versklavtes Kind, eine entführte junge Frau: Damals, im 19. Jahrhundert, waren das Handelsgüter, sobald sie auf dem Markt erschienen. Heute sind sie es nicht mehr.

Wir sind also mit einem einfachen Problem konfrontiert: der *Eigengesetzlichkeit* des Vergangenen. Denn zudem war Ägypten, wie erwähnt, zum Zeitpunkt des Grabraubs der Schepenese immerhin teilweise souverän, wenn man die osmanische Militärherrschaft so bezeichnen will. Eine erste Schlussfolgerung könnte also lauten: Es geht nicht darum, was damals richtig war, sondern darum, wie wir heute handeln, heute mit der Situation umgehen wollen. Oder wie mein Lieblingszitat von Monica Hanna lautet, Professorin für Cultural Heritage in Assuan und Mit-Initiatorin der *Lasst Schepenese heimkehren!*-Kampagne: «Wir können die Geschichte nicht ändern. Aber wir können die Fehler der Vergangenheit korrigieren.»[24] Schepenese ist eine Priesterin aus dem

8. Jahrhundert vor Christus, wir sprechen über einen Grabraub aus dem 19. Jahrhundert – zugleich sprechen wir aber über eine Situation heute und jetzt. Es geht nicht nur um eine phänomenologische Frage («Ist es richtig, eine ausgewickelte Leiche anzustarren?») oder eine juristische («War es Grabraub?»), sondern um eine politische: Was tun wir *jetzt*?

Komplexität aushalten heißt, die Vergangenheit im Heute, wie Kierkegaard sagte, nicht nur zu erinnern (oder zu verurteilen), sondern sie zu «wiederholen», sie sich also gleichsam wieder zu holen. Oder mit anderen Worten: Würde ich als Schweizer auf dem Besitz und der weiteren Zurschaustellung der Schepenese bestehen, dann wäre das etwa so anachronistisch, wie wenn ich die Sklaverei, die Tradition der Zwangsheirat oder die Kinderarbeit wiedereinführen wollte, die damals so üblich und legal waren wie Grabräuberei. Aufklärung, globale Gerechtigkeit, ist eben kein Wunschkonzert, in dem man nur das Lied spielen kann, das gerade passt – und alles andere aus dem Programm verbannt.

Zweites Gesetz

Eine breite Basis schaffen

Noch einmal: Die Welt ist kompliziert. Die Vergangenheit aus moralischen oder politischen Gründen zu «korrigieren», führt leicht in die Irre. Die Mumien-Entführungen aus Ägypten selbst basierten ja auf einer aufklärerischen Idee der «Korrektur» damaliger Vorurteile: Grabraub war nur die dunkle Seite der Aufklärung. Besitz und Wissensdurst, romantischer Exotismus und der ehrliche Wunsch, die Vergangenheit zu verstehen, waren so eng miteinander verknüpft, dass sie als ein und dasselbe erlebt wurden. Die St. Galler Käufer wickelten die geraubte ägyptische Leiche nicht nur in einem quasi-heidnischen Ritual aus, bei dem Fetzen von Schepeneses Tüchern an die geladenen Bildungsbürger:innen der Stadt verteilt wurden – sondern hielten parallel dazu gelehrte Vorlesungen zum Alten Ägypten ab.

Ehrlicherweise muss man zugeben, dass die Mumie in der Stiftsbibliothek, so würdelos ihre Ausstellung gegen Geld sein mag, die Begeisterung für Ägypten lebendig gehalten hat. Oder simpler ausgedrückt, da sich unser Kommissionsmitglied Monica Hanna auch um die Restitution des Rosetta-Steins[25] kümmert: Den Rosetta-Stein zu entschlüsseln und den Rosetta-Stein zu rauben, das sind zwei Seiten derselben Angelegenheit. Wissen und Besitz – die Kolonisatoren machten, wie alle Eroberer, keinen Unterschied.

Die mit dem Aburteilen der Vergangenheit einhergehende Komplexitätsreduktion, von der ich im ersten Teil sprach – ich nannte diese Reduktion komplexer Machtverhältnisse zu einfachen ethischen Etikettenlösungen den «Reiter des Moralismus» –, führt deshalb oft zu Scheingefechten und letztlich zur Zementierung des Status quo selbst. Man kennt das aus der Bührle-Ausstellung im Kunsthaus Zürich oder von der Schädelsammlung im Berliner Humboldt Forum. Ich nannte es aus Witz einmal die «Deutsche Ideologie», man könnte es aber genauso die «Schweizer Ideologie» nennen: Während an den Macht- und Besitzverhältnissen nichts geändert wird, heftet man an die Raubkunst einfach Provenienzzettel oder eröffnet einen jener «Dokumentationsräume», in denen die Verbrechen der Vergangenheit verurteilt werden. Je rückstandloser die Vergangenheit geheilt wird, desto heilloser ist die Gegenwart. Die «Korrektur» in den zahllosen, den Museen vorgeschalteten Dokumentationszentren ist ein bisschen so, wie wenn man sich die Füße vor dem Saunagang mit Antipilzlauge abspritzt – um sich dann im Hitzeraum umso tiefer zu entspannen.

Aus genau diesem Grund ist die Schaffung von breiten Solidaritäten, über Länder-, Fach- und Zeitgrenzen hinweg, zentral. Über 100 Menschen aus allen Gebieten, von Theolog:innen über Künstler:innen, von Kulturwissenschaftler:innen bis Politiker:innen, tragen unsere «St. Galler Erklärung für Schepenese» mit. Woher hätte ich wissen können, dass die Präsentation einer halb nackten Mumie, so wie es in der Stiftsbibliothek der Fall ist – aus ihrem Grab und ihrem Sarg entfernt und aus ihren Tüchern gewickelt –, im altägyptischen Glauben Verdammnis für die Seele der betroffenen Person bedeutet, hätten mir das nicht Ägyptolog:innen erzählt? Wie hätte ich vermuten können, dass es neben der einleuchtenden, aber auch modischen und zudem (vor allem im Fall einer Diktatur wie Ägypten) sehr komplexen Idee der Restitution viele andere Wege gibt? Etwa den Vorschlag, den Eintritt mit Ägypten zu teilen, also pro Eintritt einen «Franken der Würde» abzuzweigen? Oder warum geht nicht eines der Manuskripte des Hauses, etwa der älteste deutsche Bibelkommentar, sozusagen als Tausch in ein ägyptisches Museum?

Denn die Kunst oder vielmehr die Künstler:innen haben, auch wenn sie Bewegungen oder Institutionen gründen, Debatten und Kampagnen anstoßen, keine reale Macht. Die Macht bleibt immer bei den einzelnen Beteiligten, den einzelnen Interessengruppen. Und wenn diese auseinanderlaufen (siehe Arabischer Frühling und tausend andere Beispiele), dann übernehmen die alten Eliten wieder die Macht – nachdem sie ihre Anführer:innen losgeworden sind (siehe Russland oder Rumänien nach der Wende – und eben Ägypten in unserer Zeit). Das Wichtigste für jede Bewegung ist deshalb das Ausweiten und Diversifizieren der Basis: das Schmieden von Bündnissen, das Suchen und Finden von Kompliz:innen, von institutionellen Mitgliedern der alten Ordnung, die sich aber als erneuerbar zeigen.

So habe ich bei den *Zürcher Prozessen* offensiv die Mitarbeit der Redaktion der von uns angeklagten Zeitung *Die Weltwoche* gesucht. Bei den *Moskauer Prozessen* bin ich bei putinfreundlichen Fernsehsendern in Talk-Shows aufgetreten, fürs *Kongo Tribunal* habe ich nicht nur mit der kongolesischen Anwaltskammer, sondern eben auch der – um ehrlich zu sein: korrupten – Provinzregierung zusammengearbeitet. Während der «Rivolta della Dignità» finanzierte der Vatikan das erste von uns besetzte Haus, und obwohl ich den neuen Papst, wie viele Marxist:innen, sehr schätze – er hat gerade drei Mumien aus dem Vatikanischen Völkerkundemuseum an Peru zurückgegeben –, so hat es doch einen schalen oder immerhin seltsamen Beigeschmack, mit der Kirche zusammenzuarbeiten. Und im Fall der «St. Galler Erklärung» sind wir nun in engem Austausch mit der Stiftsbibliothek.

Diese Zusammenarbeit konfrontiert uns mit den Seltsamkeiten einer Institution oder eben der Idee eines Museums selbst: Wer Vergangenheit speichert, speichert auch deren Widersprüche, deren Verbrechen, deren dunkle Flecken und Obsessionen. Die Frage ist nun: Wie kann man diese loswerden, ohne die Vergangenheit selbst zu vernichten? Denn, noch einmal: Grabraub, Respektlosigkeit gegenüber einer Hochkultur, enthemmter Statuskonsum und alles, was unter dem Begriff «Ägyptomanie» läuft, ist nicht denkbar ohne die Idee der Aufklärung. Es ist, noch einmal, die dunkle Seite des Wissenwollens, der Forschung, letztlich des Fortschritts. Auch wenn es unangenehm ist: Ohne die Öffnung der Gräber in der Kolonialzeit würde es heute vielleicht kein Wissen über das Alte Ägypten geben – und damit auch keine eigene ägyptische, sondern bloß eine römische, osmanische, englische, französische Geschichte Ägyptens.

Ich weiß: Es gehört zum Stil unserer Zeit, schon minimalste Meinungsdifferenzen als Grund zu nehmen, eine Kooperation abzubrechen und vom Diskurs zum *Shaming* überzugehen. Ich selbst leite eine Institution, das NTGent, das größte Stadttheater in Belgien. Ich weiß sehr wohl, wie es ist, als Projektionsfläche für mehr oder weniger alle Verbrechen der belgischen Geschichte und aktuellen Disfunktionalitäten des belgischen Staates (leider ein klassischer *failed state*) herhalten zu müssen. «Milo Rau» ist in Belgien nicht nur Künstler und Aktivist, sondern auch Personifikation dessen, was man etwas allgemein *wokeness* nennt: diverse Ensembles und Strukturen, mit allen Fallstricken des *tokenism* und des *white saviourism*, des neoliberalen Greenwashings und der Flexibilisierung der Arbeitsverhältnisse unter dem Banner der «Emanzipation» der Arbeiternehmer:innen. Es ist sehr einfach, in meiner Arbeit Widersprüche zu entdecken, und zwar einfach deshalb, weil sie real sind. Wenn ich aber einer Bewegung, einem Aktionsbündnis, das tatsächlich etwas verändern möchte und nicht nur die eigenen Vorurteile bestätigt sehen will, einen Tipp geben darf, dann folgenden: Hört zu. Und hört vor allem den Menschen und den Institutionen zu, die ihr verändern wollt. Bekämpft sie – aber gemeinsam mit ihnen. Vor Kurzem schrieb mir eine Gruppe Kunststudent:innen eine Mail, in der sie die Besetzung einer der Spielstätten meines Theaters ankündigten. Sie schrieben: «Wir können das gemeinsam mit dir tun – oder ohne dich. Wir tun es sowieso.» Das war ein sehr faires Vorgehen, finde ich.

Aber ich verteidige hier nicht nur das Prinzip der möglichst breiten Basis, also der Volksfront, die per se schon sinnvoll ist. Sondern ich gehe davon aus, dass sich diese Bündnisse, die aus der Sicht der etablierten Institution erst mal aus reinen Eigeninteressen eingegangen werden – sei es auch nur, um immerhin ein klein wenig die Kontrolle zu behalten und möglichst ohne Machtverlust den Kopf aus der Schlinge des jeweiligen Zeitgeists zu ziehen –, sich mit der Zeit zu unwahrscheinlichen, utopischen, subversiven Allianzen wandeln können, die die attackierte Institution tatsächlich reformieren können. Das war die Lehre, die mir Yvan Sagnet erteilt hat: Reform statt Revolution, die Gesetze unserer Gesellschaft «erfüllen», sie nicht «brechen». Auch wenn die Stiftsbibliothek natürlich erst mal gern die komplette Sache abgeblasen hätte: So führte bereits die Vorbereitung der Aktion zu einer Durchleuchtung der eigenen Ausstellungs- und Verwertungspraxis, ein Prozess, der nun unter den Augen der Öffentlichkeit weiter fortgesetzt wird.

Oder nehmen wir Ägypten, unseren anderen «Partner» bei der Rückführung der Schepenese. Ist es nicht verrückt, die Restitution einer Mumie gerade dorthin ins Auge zu fassen, wo nicht einmal die Rechte lebender Menschen respektiert werden? Und von ökonomischen und juristischen Gründen mal abgesehen: Warum sollte die Beziehung des heutigen Ägyptens zum Alten Ägypten näher sein als unsere zum Alten Ägypten? Ist das nicht bloß eine andere Form von ahistorischem Exotismus? Das ist eine Frage, die die europäische Zivilgesellschaft nicht entscheiden kann – sondern eben nur die Ägypter:innen, also die ägyptische Zivilgesellschaft. Mit anderen Worten: Wenn es um globale Fragen geht, sind lokale Antworten unvollständig.

Womit wir endlich zum vielleicht wichtigsten Merksatz einer *Rückeroberung der Zukunft* kommen: Globale Probleme bedürfen globaler Allianzen. Wir arbeiten in Ägypten mit der Universität von Assuan zusammen, insbesondere mit Monica Hanna, die den Lehrstuhl für Cultural Heritage innehat. Ähnlich wie in Europa ist die Sorge um das kulturelle Erbe, also die Frage nach der historischen Genese der gerade aktuell herrschenden «Kultur», ein an sich zivilisierender Prozess. Die Debatte über die Rückführung Schepeneses ist gewissermaßen das Fenster innerhalb einer Diktatur, aus dem heraus man mit der Welt, aber auch einer anderen, humaneren Zukunft in Kontakt treten kann. Denn es geht ja nicht nur um Raubkunst, sondern auch (oder vor allem) um die Behandlung von sterblichen Überresten. Fragen der Würde und des Rechts potenzieren sich gegenseitig. Schepenese «heimkehren» zu lassen, ist auf all diesen Ebenen zu lesen: der physischen, der rituellen, der kulturellen, politischen und letztlich eben der universalistischen. Denn Schepenese wird zugleich nach Ägypten, ins Jenseits und in eine Art «globale Kulturgeschichte» zurückkehren.

Aber wie auch immer es ausgeht: Der Weg ist das Ziel. Die Netzwerke, die entstehen, sind Grund genug, Schepenese «heimkehren» zu lassen. So entwickelt jede Aktion, wie auch immer sie beginnen oder eben enden mag, eine Eigendynamik. Was auf den ersten Blick nach einer unverbindlichen, vereinfachenden Kunstaktion aussieht, wird plötzlich selbst zur Institution – wie im Fall des *Kongo Tribunals* – oder schreibt sich mit großer Symbolkraft in die Herzen der Menschen ein wie die «Revolte der Würde». Noch vor ein paar Monaten war die Idee, dass Schepenese aus St. Gallen zurückkehren würde in ihre Heimat, völlig undenkbar. So wie es vor einem Jahr noch absolut undenkbar gewesen wäre, dass Bührle die Zwangsarbeiter:innen jemals entschädigen würde. Das ist inzwischen, immerhin zum Teil, geschehen.

Drittes Gesetz

Das Problem bist du selbst

Diesen Punkt kann man relativ einfach abhaken, nämlich mit einem One-liner: Mache nie ein Projekt, das
nicht (auch) von dir selbst handelt. Kürzlich hat mir eine
Gruppe Aktivist:innen in einem offenen Brief vorgewor-
fen, mein *Kongo Tribunal* sei im Endeffekt nichts weiter
als Appropriation. Wie könne ich mir einbilden, über
die Probleme der Kongoles:innen zu sprechen, über *ihr*
Unglück, *ihre* Probleme – ihnen also gewissermaßen die
Schau stehlen? Das ist richtig: Warum mache ich das?
Ich glaube nicht, dass die Tatsache ausreicht, dass es sich
beim *Kongo Tribunal* in jeder Hinsicht um ein globales,
zumindest ein binationales Projekt handelt, das in allen
Punkten kollektiv entwickelt ist. Die Untersuchungs-
leiter:innen sind Kongoles:innen, bei der Jury handelt es
sich, bei allen vier bisherigen großen Ausgaben des *Kongo
Tribunals* seit 2015, um ein sogenanntes *chambre mixte*,
also um eine Jury, die sich aus nationalen, also kongolesischen, und internationalen, meist belgischen und
Schweizer Jurist:innen und NGOs zusammensetzt. Beim
letzten Tribunal, das im Dezember 2021 im Parlament
von Kolwezi, der «Welthauptstadt des Kobalts», stattfand,
saß ich selbst nur noch allein in dieser Jury. Veranstaltet,

gefilmt und inszeniert wurde es indes von einer kongolesischen Produktionsfirma.

Aber das ist nur der eine Punkt. Denn gemeint ist mit Appropriation ja etwas anderes, vielleicht in etwa Folgendes: Die wie auch immer gearteten Folgen eines Verbrechens gehören den Opfern, nicht den Täter:innen. Und die Täter:innen sind für dieses Verbrechen als Mitglied einer Gruppe (nicht subjektiv) verantwortlich. Das ist natürlich ein sehr Bourdieu'scher Gedanke, denn einerseits beruht er auf der Idee von symbolischem Besitz, andererseits auf einer Kollektividee der Geschichte und der geschichtlichen Handlung. Einer, der diese schmerzhafte Objektivität der Verhältnisse verstanden hat, war Nikolai Bucharin, der brillanteste Intellektuelle des frühen Staatskommunismus. Er war in einem der absurdesten Prozesse der Weltgeschichte angeklagt: dem sogenannten Dritten Moskauer Prozess von 1937. Die Vorwürfe, die gegen ihn erhoben wurden – Kollaboration mit den Faschisten, Umsturzpläne gegen Stalin und so weiter –, waren so lächerlich, dass sie eigentlich nicht der Rede wert gewesen wären. Nicht zuletzt deshalb, weil sie Stalin selbst erhob, der ein paar Jahre später tatsächlich einen Pakt mit Hitler eingehen sollte.

Bucharin wies die Vorwürfe natürlich von sich, wobei er jedoch folgende denkwürdige Schlussfolgerung zog: Subjektiv sei er unschuldig, objektiv jedoch wisse er, dass er schuldig sei. Denn er war, als Politkader, mitverantwortlich für die Millionen Toten im Bürgerkrieg, für die

Hungertoten in der Ukraine in den dreißiger Jahren, für die verfehlte Außenpolitik der jungen Sowjetunion (gerade in Deutschland, wo die Kommunisten lieber die Sozialisten als die Nazis bekämpften) und damit für den Aufstieg des Faschismus. Das Bucharin'sche Paradoxon gilt, wenn man zur westlichen privilegierten Elite gehört, immer: Objektiv ist jede:r Schweizer:in schuldig am Elend im Kongo, und zwar einfach deshalb, weil die größte Rohstofffirma, die im Ostkongo tätig ist, Glencore, eine Schweizer Firma ist. Über 200 Milliarden beträgt der Umsatz dieser Firma, die ihren Firmensitz im Städtchen Baar im Kanton Zug hat. Kolwezi und Baar, in der globalen Logik der Weltwirtschaft sind das Partnerstädte, die Schweiz und der Kongo Partnerländer, wobei Ersteres, völlig rohstofflos, der hundertprozentige Parasit des zweiten ist. Aber auch, dass ich St. Galler bin, dass ich als Schüler die Schepenese angestarrt habe, dass der Kulturpreis, den ich von meiner Stadt erhalte, unter anderem durch die Eintrittsgelder in der Stiftsbibliothek finanziert wird, ist nur die eine Sache.

Denn da ist noch etwas, und das geht tiefer: Es hat mit der Normalität zu tun, mit der ich bisher zusammengelebt habe mit Schepenese. Mit der Normalität, mit der wir den Kongo ausbeuten, jeden Tag. Mit der Tatsache, dass eine Frau, ein Individuum, aus ihrem Grab geraubt, ausgewickelt und ausgestellt wurde, um Geld zu verdienen, im Herzen meiner Heimatstadt. Mit der Tatsache, dass mir das überhaupt nicht aufgefallen war, bis ich dieses

Projekt in Angriff nahm. Das Problem sind wir. Und das ist, ganz simpel, der Grund, warum Engagement in einer globalen Welt nicht nur der einzige Weg aus der zwingend gegebenen Appropriation, der scheinbaren ausweglosen Objektivität der Ausbeutungsverhältnisse, ist – sondern Verpflichtung.

Viertes Gesetz
Schaffe Common Sense

Eine gestohlene Leiche, nackt ausgestellt neben der ältesten deutschen Bibel: Wie grotesk ein Zustand auch
immer sein mag, er ist so lange Common Sense, bis er
infrage gestellt wird. Man kennt die berühmte Entschul-
digung der Europäer:innen nach dem Krieg: Sie hätten
vom Holocaust nichts gewusst. Zwar verschwanden nach
und nach alle ihre jüdischen Nachbar:innen und Arbeits-
kolleg:innen, und Hitler und seine Parteigenoss:innen
bekamen nicht genug davon, ihre Verbrechen heraus-
zuschreien. Aber all das wurde irgendwie normalisiert.
Gerade weil es so sehr ins Auge sprang, war es irgendwie
unsichtbar, es würde schon seine Richtigkeit haben.

Aber nehmen wir ein anderes Projekt, das ich vor zehn
Jahren ebenfalls in meiner Heimatstadt durchführte, die
City of Change, eine Kampagne zur Einführung des Ausländerstimmrechts. Nach wenigen Wochen konnten wir,
mit minimalen Mitteln wie Werbespots, der Gründung
einer Theater-Partei, der Einsetzung einer «Regierung
des Wandels», dem Abhalten mehrerer Demokratiekon-
ferenzen, das, was gerade noch absurd erschien (mehrere
Ausländerstimmrechtsvorlagen waren in der Schweiz
über die Jahrzehnte gescheitert und tun dies noch heute),

als zwingend darstellen. Nach zwei Monaten Wahlkampf ergab eine lokale Umfrage eine Mehrheit für die Einführung des Ausländerstimmrechts. Als wir schließlich eine Petition präsentierten für ein Bürgerrecht für alle steuerzahlenden Menschen – gemäß der Losung «keine Steuern ohne Stimmrecht» – unterschrieb eigentlich jede:r, der:dem sie vorgelegt wurde.

Wie funktioniert so etwas? Ich denke, die Klarheit der Forderungen ist zentral. Vielleicht kommt daher mein Hang zum Schreiben von Manifesten: dem «City of Change-Manifest», dem IIPM-Gründungsmanifest «Was ist Unst?», dem «Manifest der Würde», dem «Genter Manifest» und nun der «St. Galler Erklärung für Schepenese». Politisch sein heißt deshalb: explizit sein. Es heißt, einen Aggregatzustand herzustellen, Dinge zusammenzumischen, das, was alle umtreibt und was alle zu wissen meinen, zu einer Art explosiven Legierung zu verarbeiten. Denn erst in eine absolut klare Form gebracht, kann eine skandalöse Tatsache Forderung sein.

Was heißt aber «Common Sense»? Es ist das, was der Philosoph Antonio Gramsci unter Hegemonie verstand: die Produktion zustimmungsfähiger Ideen, die stärker sind als die Beharrungskraft des Faktischen. Umso schlimmer für die Wirklichkeit, wie Hegel gesagt hätte. Wichtig ist das Wort *common*, gemeinsam. Es geht darum, dass diesen Ideen nicht eine ohnehin interessierte Minderheit, sondern eine Mehrheit zustimmt, die der Sache bislang grundsätzlich interesselos bis ablehnend gegenübersteht. Wenn es nicht gelingt, eine Mehrheit davon zu überzeugen, dass die Besserstellung einer Minderheit auch für sie selbst gut ist, wird das Anliegen nur einen beschränkten Teil der Bevölkerung interessieren – oder gar von der Mehrheit bekämpft werden. Seit Jahrzehnten versuchen alle möglichen Gruppen, Schepenese aus der Stiftsbibliothek zu entfernen, sie in Würde zu bestatten, sie nach Ägypten zurückzubringen. Aber es gelang nie, weil die Nachteile, der Aufwand, die Beharrungskraft der Zustände stärker waren.

Manchmal – wie bei der Fridays-for-Future-Bewegung – schafft der schiere Druck der Realität in Form von Hitzesommern und Wirbelstürmen die Verwandlung einer Minderheitenposition in eine hegemoniale Gründungserzählung. Idee und Wirklichkeit finden zusammen, katastrophisch. Den meisten Bewegungen aber, da sie nicht *gegen* eine bereits Realität gewordene Zukunft kämpfen, sondern *für* eine Zukunft, die erst noch werden muss, steht dieser Druck des Tatsächlichen nicht zur Verfügung. Ihre Inklusionsbemühungen müssen deshalb mit der kollektiven Vorstellungskraft arbeiten, die ihrerseits vielfältig, widerspenstig und widerständig ist – gerade in einer Demokratie. Und gerade daran kann man scheitern, nämlich dann, wenn die Realpolitik stärker ist als das, was ich Real-Poetik genannt habe. Oft ist die Heterogenität der Positionen zu groß, gehen die Erfahrungen zu weit auseinander, um sich in einem «Common Sense» zu finden.

Bei der *General Assembly*, einem Weltparlament, das wir 2017 in Berlin einberufen haben, konnten wir erst Monate nach Abschluss der Versammlung eine Charta verabschieden – zu spät für die Medien und für den politischen Apparat. Das Momentum war verpasst, und was schnell und effektiv geplant war, entwickelte eine völlig andere diskursive Zeitlichkeit. Bei der *General Assembly* stießen wir auf eine Dynamik, die sich immer wieder auftut in utopischen Versammlungen, die an einem neuen, noch nicht durch kollektive Gewöhnung legitimierten Gemeinsinn arbeiten: den widersprüchlichen realpolitischen Interessen der Beteiligten. Als es in einer Sitzung darum ging, ob der Massenmord an den Armenier:innen ein Genozid war (oder eben nur ein Kriegsverbrechen), drohte der türkische Abgeordnete, die Versammlung unter Protest zu verlassen. Weniger zu erwarten war, dass einer unserer Vorsitzenden, ein Menschenrechtler und Politiker aus Namibia, sich mit dem türkischen Abgeordneten solidarisierte. Denn die Türkei ist eine der wenigen Nationen, die den (deutschen) Völkermord an den Herero, der zur Kolonialzeit in Namibia stattfand, offiziell anerkennen. «Wenn der türkische Abgeordnete geht, dann ist das nicht mehr meine Versammlung», sagte er.

Wir können uns nicht in Sicherheit wiegen: Common Sense, Gemeinsinn, also extreme Inklusivität bringt genau das mit sich, was ich im ersten Teil mit dem Re-Import von externalisierten Widersprüchen gemeint habe. Jeder Entscheidung geht eine Debatte und damit eine maximale Universalisierung der Forderungen voraus: Universalisierung im Sinne von Anschlussfähigkeit für jeweils diese oder jene Minderheit. Nehmen wir die «St. Galler Erklärung für Schepenese»: Den Theolog:innen ist die Würde der Schepenese ein Anliegen, den Jurist:innen die Klärung der legalen Frage, den Vertreter:innen des postkolonialen Diskurses der ökonomische und historische Aspekt – und die damit zusammenhängende Frage der Restitution. All diese Positionen stehen sich grundsätzlich kritisch gegenüber. Ist die Restitution einer Mumie nach Ägypten, also in eine Militärdiktatur, nicht eher eine Gefährdung ihrer Würde? Oder: Zweifellos entspricht die Rückführung einer aus einer Raubgrabung stammenden Leiche moralischer und auch historischer Gerechtigkeit. Aber ist es nicht fragwürdig, politisches und ethisches Rechtsempfinden über die in diesem Fall gültigen, demokratisch legitimierten bilateralen Verträge zum Kulturaustausch zu stellen? «Soft Law» über «Hard Law»? Und was geht uns überhaupt Ägypten an? Gehört Schepenese nicht uns, ist sie nicht nach 220 Jahren Teil unserer Geschichte, vermutlich sogar mehr als sie Teil der Geschichte des aktuellen Ägyptens ist?

So werden Minimaldissense verhandelt, so geht es hin und her, bis plötzlich, auf fast wundersame Weise, eine Mehrheit sagt: Das geht nicht! Und Schepenese – und all die anderen Knochen, Schädel und kolonialen Raubgüter – endlich heimkehren dürfen.

Fünftes Gesetz

Schaffe Ereignisse

Ob *City of Change, Kongo Tribunal, General Assembly* oder die «Revolte der Würde»: Jedes Mal hatten wir ein klares Logo, eine aufständische, revolutionäre Bildersprache. Auch hier gilt das Gesetz der Inklusivität: Bei der *City of Change* vermischten wir das St. Galler Kantonswappen mit der Friedenstaube und präsentierten das Ganze in einer ironisierten Variante der Ästhetik der konservativen Volkspartei SVP: die kleine Sonne, das Rutenbündel, und auch farblich waren wir volkstümlicher als die Volkspartei. Bei der «Revolte der Würde» war es die Überblendung von christlicher Metaphorik und kommunistischer Plakat-Kunst, wie man sie etwa von den amerikanischen und lateinamerikanischen Bürgerrechtsbewegungen kennt.

Innert kürzester Zeit fanden diese Logos eine riesige Verbreitung in verschiedensten Ländern und Bevölkerungskreisen – und man sieht sie heute noch als Aufkleber auf Autos oder, natürlich, über den Betten von Teenagern. Es wurde von Leuten auf Facebook geteilt, die weder bei einer Demo waren, noch Geld für eine der Kampagnen gespendet hatten und vielleicht nicht einmal genau wussten, worum es bei den beiden Projekten

ging. Wie gesagt: Es gehört neben der hohen Symbolik auch immer eine Spur Ironie dazu, eine Mischung aus Leidenschaft und Spaß. Genau diese Mischung befriedigt einerseits das Bedürfnis nach Engagement und Zugehörigkeit (ohne sich ganz auf die Sache einlassen zu müssen) und schwächt andererseits die Gefahr totaler Identifikation oder eben Abgrenzung. Die immer wiederkehrende klare Symbolik vermittelt überdies Entschlossenheit, Kontinuität und Ausdauer – Letztere ist letztlich die wichtigste Tugend im politischen Feld. Ausdauer ist alles: Ein provozierendes Plakat, das man aufhängt, wird zehn Mal heruntergerissen, das elfte Mal bleibt es hängen. Eine Ikonographie wird hinterfragt, egal, wie universal sie sein mag. Interne Demokratie ist anstrengend. Man muss sich immer wieder neu auf das einigen, womit alle übereinstimmen, auch wenn es ein Minimum ist.

Noch wichtiger als eine ereignishafte Symbolik ist

aber das Schaffen von Ereignissen oder Aktionen. Denn was den Menschen den Glutkern in die Seele legt, manchmal über Generationen, ist das revolutionäre Ereignis. Nehmen wir die Einfahrt von Carola Rackete in den Hafen von Lampedusa. Oder der Moment, als ein namenlos gebliebener Demonstrant im Kongo dem belgischen König bei einer Parade den Säbel stahl. Die Inszenierung von Becketts *Warten auf Godot* bei Kerzenlicht während der Belagerung Sarajevos im Jugoslawischen Bürgerkrieg durch Susan Sontag. Oder unsere eigene Inszenierung der *Orestie* in Mossul, der gerade befreiten ehemaligen Hauptstadt des Islamischen Staats. Revolutionäre Bildsprache legt das Schwergewicht auf Kontinuität, stützt sich auf Traditionen, die sie ironisch oder kritisch bricht. Das revolutionäre «Ereignis» aber ist eruptiv, ekstatisch: Es bedeutet, dass danach etwas anderes möglich und denkbar ist als davor. Es ist etwas, das sich in keine bereits bestehende Ordnung einfügen lässt, das in die Wirklichkeit einbricht. Die Wirklichkeit folgt dem Ereignis nach, weshalb ereignishafte Projekte normalerweise als unlogisch, undurchdacht, wirr, megaloman erscheinen – bevor die durch das Ereignis neu geschaffene Praxis sich durch Wiederholung selbst affirmiert – zur Wahrheit, zur neuen Möglichkeit, zur Norm wird. Man kennt den Vorgang aus dem Sport: Es dauert Jahrzehnte, bis eine magische Grenze fällt. Doch sobald sie gefallen ist, ist sie durchlässig, zählt sie nicht mehr, wird sie gewohnheitsmäßig gebrochen.

Das Schaffen von Ereignissen ist mir, warum auch immer, zur Obsession geworden. Etwa der «Sturm auf den Reichstag» 2017 am Ende der *General Assembly*, unseres Berliner Weltparlaments – und der wundersame Zusammenschluss unserer Abgeordneten mit den Abgeordneten des Bundestags. Die Proklamierung der «Europäischen Republik» von 200 Balkonen im November 2018. Oder, vielleicht das schönste aller Ereignisse, der Einmarsch in die Europäische Kulturhauptstadt mit Jesus, seinen Apostel:innen und Hunderten von Demonstrant:innen – diese modernisierte Variante des «Einzugs in Jerusalem», ohne Palmblätter und Esel, sondern mit der realpolitischen Forderung nach mehr Gerechtigkeit.

Ich selber erinnere mich heute noch an die ersten Demonstrationen, die ich mit meiner Mutter besuchte. Es sind solche Ereignisse mit symbolischer Strahlkraft, zu denen wir, etwas in uns, eine Art Treue entwickeln, die eine individuelle oder kollektive Erinnerung nachhaltig prägen können. Deshalb sollten solche Ereignisse Aufsehen erregen, die Hitze der Revolte repräsentieren, eine Gefahr beinhalten, existenziell sein. Das kann eine Besetzung sein (wie bei der «Revolte der Würde» oder natürlich bei der Landlosenbewegung die von Flüchtlingen und Landlosen besetzten Gebäude und Monokulturen), eine momenthafte, symbolische Institution (wie im *Kongo Tribunal*) oder ein Abstimmungskampf und seine verschiedenen Etappen (wie in der *City of Change*).

Und deshalb noch einmal: Jeder Aufstand ist ein Aufstand der Freude, des Abenteurertums, der Zärtlichkeit, des Größenwahns, des Profanen und des Wahren. Jeder Aufstand überwindet seine eigene Unwahrscheinlichkeit, seine Unmöglichkeit. Er ist ein Wunder, wie man so sagt. Man muss Mut zur Lächerlichkeit haben, denke ich, um als Aktivist:in in ein Jesuskostüm zu schlüpfen und in die Europäische Kulturhauptstadt einzumarschieren. Aber die Logik der Revolte ist das Trotzdem: dass es funktioniert, obwohl es völlig unwahrscheinlich ist. Nie lebt man deshalb so intensiv, wie in den Tagen des Aufstands. Das ist vielleicht der wahre Grund, warum man revoltiert, denke ich.

Sechstes Gesetz
Dranbleiben

Am Tag unserer Aktion fuhren wir mit einem Appenzeller Heuwagen, auf den ein ägyptisches Totenschiff montiert war, vom Klosterareal St. Gallen, in dem Schepenese gefangen gehalten wird, zum Bahnhof. Oben, in dem kleinen Totenhaus, lag sorgfältig aufgebahrt eine Mumie. Eine Priesterin sprach sanftmütig und nur so laut, dass die Umstehenden sie gerade hören konnten, folgende Worte:

«Ich will dir deine Beine geben,
    damit du gehen kannst und deine Sohlen sausen lässt.
Ich will dir geben, dass du reist mit dem Südwind.
Und dass du eilst mit dem Nordwind.
Du sollst das Meer überqueren, zu Fuß,
    wie du auf dem Lande getan hast.
Du sollst die Flüsse beherrschen in der Gesellschaft
    des Phönix.
Ohne dass sich dir jemand entgegenstellt am Ufer.
Möge dir das Himmelstor geöffnet werden
Und die Herzen der Götter voller Freude sein,
    wenn du nahst.»

Und dann? Dann begann die kleinteilige Arbeit, die Medien berichteten, die Stiftsbibliothek präsentierte einen Gegenentwurf, die ägyptisch-schweizerischen Arbeitsgruppen trafen sich. Es gab Appellationen in den Parlamenten, alle möglichen Versuche, die Sache zu verschleppen scheiterten – bis schließlich der katholische Konfessionsteil, aktueller Besitzer der Schepenese, einlenkte und die Prüfung der Restitution in Aussicht stellte. Nun bereitet Ägypten die offizielle Restitutionsforderung vor. Aber: Ob und wann Schepenese jemals ihre Sohlen sausen lässt, heimkehren wird, dreitausend Jahre nach ihrem Tod – ich weiß es nicht.[26] Denn das ist, ganz offensichtlich, das Problem an jeder Revolte, an jedem Ereignis: Wie wird das Ungewisse, das Wunder, das Zeichen, wie es in der Religion heißt, zur Norm?

Denn es reicht nicht, ein falsches Parlament zu stürmen oder gar in Feuer zu setzen. Man muss auch ein neues Parlament schaffen. Ich glaube deshalb an die symbolische Macht des künstlerischen Akts – aber auch an die Logik der Arbeit, der Ausdauer, der Nachhaltigkeit. Das Ereignis ist nur Ereignis, wenn es mit universaler Pracht auftritt: in der Pracht einer Humanität und einer Gerechtigkeit, die es noch nicht gibt, mit Symbolen, die zwar ironisch sind, aber nach Wiederholung und zärtlicher Ewigkeit heischen. Ich habe vom *Kongo Tribunal* erzählt, von den *Moskauer Prozessen*, von unserer Filmschule in Mossul, von der Zusammenarbeit mit der Landlosenbewegung im Amazonas. Dass wir in Mossul die *Orestie* gespielt haben, das macht angesichts der Gefahr, in die wir uns alle damit begaben, keinen rechten Sinn und wäre bloß halsbrecherischer Katastrophentourismus, wäre daraus nicht eine Filmschule erwachsen. Die neun Filme der ersten Klasse sind über europäische Festivals getourt. Nicht Ewigkeit ist das – aber Dauer, eigenes Leben. Das Schaffen einer neuen, nicht vorgesehenen, beweglichen Ordnung der Praxis.

Denn die bestehende Ordnung muss gestört werden, nachhaltig, ausdauernd, immer wieder. Die Toten müssen zurückkehren in ihre Heimat, damit die Lebenden ein anderes, ein wahres Leben führen können. Unsere alten Institutionen, unsere Museen, unsere Theater, unsere Parlamente, unsere Schulen, unsere Bauernhöfe müssen reformiert werden. *Lasst Schepenese heimkehren!*, das bedeutet: Die Zeit der Kritik ist vorüber, angebrochen ist das Zeitalter der Revolte. Der zivile Gehorsam ist das Problem, nicht der zivile Ungehorsam. Oder wie Luca Casarini, ein Kapitän der Seenotrettung, einmal zu mir gesagt hat: «Es gibt in der Bibel einen Übersetzungsfehler. Es müsste nicht Mitleid heißen, sondern Empörung.»

Luca nennt diese Empörung «radikale Liebe»: Liebe zur Zukunft, Liebe zur Welt, Liebe zu den Menschen.

Siebtes Gesetz

Sei demütig und gelassen

Alles, was ich während der Zürcher Poetikvorlesung gesagt habe und was hier steht, klingt großartig und vielleicht sogar größenwahnsinnig. Aber ich sprach und schreibe nicht als ein «Ich», sondern als Leiter des IIPM, als Leiter des NTGent, als einer unter vielen. Ich spreche als jemand, der auf sein Team vertraut, auf das Kollektiv, auf meine Freund:innen und Mitstreiter:innen. Ich bin, kann man sagen, ein Spezialist für nichts anderes als für eine Art Unwohlsein am Alltäglichen, eine Art Sehnsucht nach etwas Ungeformtem, Verborgenen. Ich lebe von der Hitze der Praxis, der Freundschaft, der Solidarität. Von dieser Neuerfindung der Menschheit, also unseres ganz konkreten Umgangs miteinander und mit der Welt, die jedes Kunstprojekt ist.

Für die Ausstellung «Was ist Kunst?» in St. Gallen, die viele meiner Projekte versammelte, musste ich wochenlang Hunderte von Papieren durchwühlen, Tausende von Fotos sichten und tief in die Archive hinabsteigen. Mir wurde bewusst, dass ich seit genau zehn Jahren jedes Jahr mindestens ein Interview mit der NZZ geführt habe, dieser etwas zweifelhaften Zeitung, bei der ich genau zur Jahrtausendwende, im Jahr 2000, meinen ersten

Essay veröffentlicht habe. «Roland Barthes, Autor», hieß er, und er handelte von dem französischen Semiotiker, der eigentlich gern Autor gewesen wäre, Romancier, so wie Marcel Proust, sein großes Vorbild – aber Theoretiker wurde. Er war, wie vielleicht auch ich, ein Spezialist darin, das zu tun, was er nicht vorhatte.

In einem der Interviews mit der NZZ sagte ich, zu meinen Projekten befragt: «Ich selbst als Person bin im Zentrum des Ganzen nur panisch. Je größer die Sache, umso kleiner komme ich mir vor. Im Grund besteht meine Kunst darin, das alles irgendwie zu überleben.»[27] Ich war Autor, bevor ich Regisseur wurde – und ich wurde Regisseur und schließlich Intendant und in manchen Momenten Schauspieler oder Lehrer, weil ich nicht viel von Arbeitsteilung halte, weil ich Arbeitsteilung nicht aushalte. Ich schreibe hier von Dauer und Nachhaltigkeit, aber die Wahrheit ist: Wenn sich eine der Institutionen, die wir gründen, zu verfestigen beginnt, wenn ich spüre, dass der Moment des Aufstands in eine Ideologie der Sicherheit und Wiederholbarkeit übergeht, wenn aus Freundschaft Liebe wird, aus einer Situation ein Zustand, aus einer Besetzung Besitz – dann ist für mich der Zeitpunkt gekommen zu gehen.

So wie Brecht seinen Herrn Keuner sinngemäß in der Miniatur «Zwei Städte» sagen ließ: Wenn es eine Stadt A gibt, in der man mich liebt, und eine Stadt B, in der man mich braucht – ich würde in die Stadt B gehen. Oder Aki Kaurismäki, der finnische Regisseur, der einmal gesagt hat: «Wenn ich morgens aufs Filmset komme, stehen da dreißig Menschen. Wir schauen uns an, und dann muss irgendwas passieren.» Diese Situation ist für mich, was auch immer ich mir einrede, die einzige Motivation, überhaupt etwas zu tun. Die reale, kollektive Situation, dieses voraussetzungslose «What's next?», in der keine und keiner mehr als die und der andere ist. Eine zufällige Gruppe, ein Kreuzungspunkt von Vergangenheiten, und zugleich die strahlende Zukunft der Menschheit.

Am glücklichsten bin ich deshalb, wenn nichts sicher ist, wenn alles geschehen kann. Wenn ich zugleich alles und nichts tue, wenn unklar ist, wer welche Idee hatte und woher sie uns zugeflogen kam, denn nur so herrscht die angemessene Panik. Vielleicht ist genau das die einzig mögliche Antwort auf die Frage «Warum Kunst?» von Patricia Danzi: Jede und jeder sollte alles tun. Denn jede und jeder ist der erste und der letzte Mensch.

Was bleibt noch zu sagen? Die Zukunft ist offen. Die heutige Arbeitsteilung und die heutige Expertise werden schon morgen keinen Sinn mehr ergeben. Die heutigen Besitzverhältnisse werden über Nacht ihre Gültigkeit verlieren, unsere Gewissheiten in Unordnung geraten. Alles, was zählt, ist: bereit sein, gemeinsam. Das ist die Ewigkeit, von der ich schrieb: der Augenschlag zwischen dem, was war, und dem, was sein wird. In dem Wissen und Erfahrung, Praxis und Poetik das Gleiche sind; ineinanderfallen, als wären sie nie getrennt gewesen. Und auch wenn nicht alle Direktor:innen der DEZA sein können wie die phantastische Patricia Danzi, so bitte ich Sie doch: Leisten Sie ein bisschen Entwicklungszusammenarbeit, revoltieren Sie, stoßen Sie mit uns ein Fenster zum Himmel auf. Und auch wenn es gleich wieder zugeschlagen wird, so haben wir doch gemeinsam kurz in die Ewigkeit geschaut.

DANK

Mein Dank gilt dem Literaturhaus Zürich, dem Deutschen Seminar der Universität Zürich und dem Kunsthaus sowie dem Schauspielhaus Zürich für die Ermöglichung der Poetikvorlesung. Persönlich möchte ich mich bei Sophie Witt bedanken, die mich «ausgesucht» hat, die traditionsreiche Vorlesung im Jahr 2022 zu halten, und bei Gesa Schneider, der Leiterin des Literaturhauses.

ANMERKUNGEN

1 Der Zürichberg, einer der Zürcher Hausberge, ist bekannt als eines der präferierten Wohnviertel der Zürcher Oberschicht.

2 Jean-Claude Michéa, *Das Reich des kleineren Übels. Über die liberale Gesellschaft*, Berlin 2014, S. 35. Übersetzung von Nicola Denis.

3 Sappho, *Lieder*, Stuttgart 2021, S. 7. Übersetzt von Anton Bierl. Sappho lebte etwa 630 bis 570 vor unserer Zeit.

4 Der sehenswerte und außerdem prämierte Dokumentarfilm von Ross Ashcroft aus dem Jahr 2012 lässt sich übrigens kostenfrei im Internet anschauen: https://www.youtube.com/watch?v=5fbvquHSPJU

5 Kae Tempest, *Verbundensein*, Berlin 2021, S. 131. Übersetzung von Conny Lösch.

6 Jean Baudrillard, *Das Jahr 2000 findet nicht statt*, Berlin 1990. Übersetzung von Peter Geble und Marianne Karbe.

7 Stephan Lessenich, *Neben uns die Sintflut. Die Externalisierungsgesellschaft und ihr Preis*, Berlin 2016.

8 Natürlich handelt es sich dabei um ein Fake: Nicht nur handelt es sich um ein nicht existentes Datum, auf der Zeitungs-

seite unten rechts befindet sich auch eine Fotografie von Filippo Tommaso Marinetti, der genau hundert Jahre zuvor im Jahr 1909 das «futuristische Manifest» veröffentlichte. Die *NZZ* schien uns der absurdeste Ort für unser Manifest.

9 Johann Wolfgang von Goethe, *Maximen und Reflexionen*, «Aus Kunst und Altertum», 1825.

10 Milo Rau, *Was tun? Kritik der postmodernen Vernunft*, Zürich 2013.

11 Zu sehen hier: https://www.youtube.com/watch?v=X2ryBq31 pHs

12 Geoffroy de Lagasnerie, *Die unmögliche Kunst*, Wien 2022. Übersetzung von Luca Homburg.

13 Z.B. in der *NZZ*: Interview mit Benedict Neff und Ueli Bernays, https://www.nzz.ch/feuilleton/milo-rau-ein-stadttheater-darf-nicht-die-tradition-pflegen-ld.1711147

14 Kim de l'Horizon, *Blutbuch*, Köln 2022, S. 184.

15 Alice Cherki, *Frantz Fanon. Ein Porträt*, Hamburg 2002. Übersetzung von Andreas Löhrer. Fanon kam der Gedanke, als er mit seiner Schulklasse zum Denkmal für Victor Schœlcher auf seiner Heimatinsel Martinique geführt wurde. Schœlcher gilt als Initiator der Abschaffung der Sklaverei in Frankreich im Jahr 1848. An die vielen von mutigen schwarzen Sklaven angeführten Aufstände gegen Kolonialismus und Ausbeutung, von denen Fanon wusste, wurde allerdings nirgends auf der Insel erinnert, ihre Namen waren vergessen. Jenes Denkmal Schœlchers wurde im Mai 2020 von BLM-Aktivist:innen zerstört.

16 Hannah Arendt, *Eichmann in Jerusalem. Ein Bericht von der Banalität des Bösen*, München 2022 [im Original erschienen

1963], S. 372. Hervorhebung im Original. Übersetzung von Brigitte Granzow.

17 Ebd.: S. 373.

18 Am 17. April 2023, dem Jahrestag des Massakers an 19 landlosen Bauern im Jahr 1996, wurde *Antigone im Amazonas* in der Nähe der nordbrasilianischen Stadt Marabá uraufgeführt, am Ort des Verbrechens. Die europäische Premiere erfolgte am 13. Mai 2023. Am gleichen Tag wurde die «Erklärung des 13. Mai» veröffentlicht, die unter dem Slogan «Punish Nutella» gemeinsam mit der Landlosenbewegung und großen NGOs wie Global Witness den Boykott u. a. der Produkte von Ferrero und Nestlé verlangt. Diese werden aus Palmöl hergestellt, für dessen Gewinnung die Indigenen Brasiliens vertrieben und der Urwald des Amazonas abgeholzt wird.

19 Doppelinterview mit Camille Lothe und dem *Tagesanzeiger*, 15. November 2022, https://www.tagesanzeiger.ch/der-woke-wahn sinn-hoert-auf-sobald-echte-chancengerechtigkeit-besteht-717903220753

20 Zitiert nach Jean Ziegler, https://www.tagesanzeiger.ch/der-tod-ist-ein-skandal-653633270142

21 *Theater*, vol. 51/2, May 2021.

22 Bruno Latour, *Das terrestrische Manifest*, Berlin 2018. Übersetzung von Bernd Schwibs.

23 Ingeborg Bachmann, *Das Buch Franza*, «Die ägyptische Finsternis (Teil III)», in: *«Todesarten»-Projekt. Kritische Ausgabe*, Bd. 2, München 1995, S. 289 ff.

24 Siehe hier: https://www.newarab.com/features/british-shame-demanding-return-rosetta-stone

25 Der Stein von Rosette oder kurz Rosetta-Stein ist eine während der Kolonialzeit aus Ägypten geraubte Stele. Die Transliteration der darauf befindlichen altägyptischen Schriftzeichen markiert die Geburt der Ägyptologie zu Beginn des 19. Jahrhunderts. Er befindet sich heute im British Museum in London. Ähnlich wie an die aus dem Königreich Benin (heute Nigeria) geraubten Benin-Bronzen entzündete sich am Rosetta-Stein in den vergangenen Jahrzehnten die Debatte der Restitution von kolonialem Raubgut.

26 Die Kampagne *Lasst Schepenese heimkehren!* führte zu einer zuerst lokalen, dann schweizweiten Debatte über Raubkunst und den Umgang mit sterblichen Überresten. Nach anfänglichen Versuchen der Stiftsbibliothek und der katholischen Kirche, die Kampagne als «Theater» abzutun, führten verschiedene Interpellationen im Stadt- und Kantonsparlament und ein zweiter, von 200 namhaften ägyptischen Forscher:innen und Intellektuellen unterschriebener Brief zu dem Zugeständnis von Kirche und Stiftsbibliothek, eine Restitution zu prüfen. Dieser Prozess ist nun im Gang. Wie Monica Hanna in einem Interview im Februar 2023 ankündigte, ist die offizielle Aufforderung des ägyptischen Außenministeriums zur Restitution von Schepenese in Kürze zu erwarten.

27 Interview mit Daniele Muscionico, 20. April 2019, https://www. nzz.ch/feuilleton/milo-rau-macht-das-theater-in-gent-zum-mittelpunkt-europas-ld.1476442

BILDNACHWEIS

Seite 16, Parc Simone Veil: @antho_TP / Twitter

Seite 25, «Dernier Plan du Film»: Screenshot aus La Chinoise von Jean-Luc Godard, 1967

Seite 55, «Was ist Unst?»: IIPM / Montage von Milo Rau und Nina Wolters

Seite 58, Parc Simone Veil / «Dernier Plan du Film»: IIPM / Montage

Seite 61–63, 6 Bilder aus Google Street View von Rolle / Schweiz, 2013: rolux.org/video/streetview/

Seite 85, Yvan Sagnet: Armin Smailovic / Agentur Focus

Seite 90, Pussy Riot: picture-alliance / dpa / Maxim Shipenko

Seite 100, Solange Lusiku Nsimire: Deutschlandfunk / Patricia Corniciuc

Seite 109, Antigone im Amazonas: Armin Smailovic / Agentur Focus

Seite 124, «No Bührle»-NFTs: Montage Milo Rau / Slogan by Miriam Cahn

Seite 130, Mumie Schepenese: picture-alliance / Keystone / Gian Ehrenzeller

Seite 155, City of Change / «Revolte der Würde»-Logos: IIPM / Nina Wolters

Seite 160, Totenschiff: Gino Marrone / Kunst Halle Sankt Gallen

MILO RAU, geboren 1977 in Bern, studierte Soziologie, Germanistik und Romanistik in Paris, Zürich und Berlin. Er ist fester Teil des «Literaturclubs» im Schweizer Fernsehen, Intendant der Wiener Festwochen und Hauskünstler des NTGent. Seine Theaterinszenierungen und Filme waren bislang in über 30 Ländern zu sehen, werden zu den wichtigsten nationalen und internationalen Festivals eingeladen und vielfach ausgezeichnet, zuletzt mit dem Europäischen Theaterpreis und dem Schweizer Filmpreis. Kritiker nennen ihn den «einflussreichsten» *(Die Zeit)*, «kontroversesten» *(New York Times)* oder «interessantesten» *(De Standaard)* Künstler unserer Zeit.